님께

드림

서른과 마흔 사이

결핍이 시작될 무렵
나를 채워야 할 것들

-이미 답을 알고 있지만 미처 실행하지 못했던 것들-

꽉 찬 듯하나 비어 있고 강한 듯하나 겁이 많고
꿈을 향한 듯하나 두려워하고 화려한 듯하나 쓸쓸하고
사랑하는 듯하나 외로운 그대에게
— 인생은 그저 흘러가는 게 아니라 하루하루 채워나가는 것이다

서른과 마흔 사이

결핍이 시작될 무렵 나를 채워야 할 것들

글 / 김이율

다연

지금 바뀌지 않으면 영원히 바꿀 수 없다

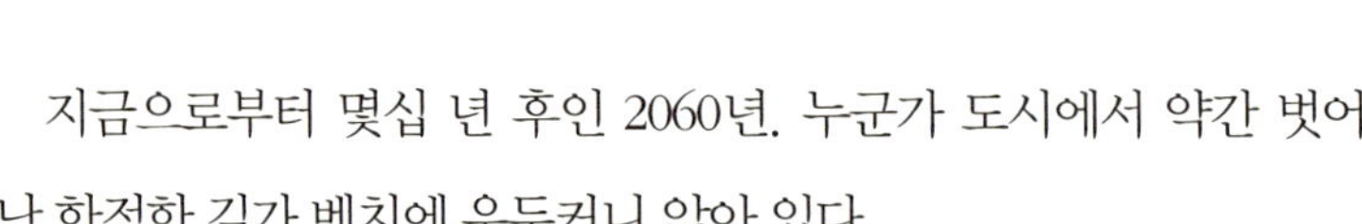

지금으로부터 몇십 년 후인 2060년. 누군가 도시에서 약간 벗어난 한적한 길가 벤치에 우두커니 앉아 있다.

그의 얼굴은 환해 보이기도 하고 우울해 보이기도 하다. 딱 뭐라 가늠할 수 없는 표정이다. 옷차림이나 신고 있는 신발로만 봐서는 그의 부와 생활수준 역시 가늠할 수 없다.

과연 그는 지금 인생 앞에 어떤 자세를 취하고 있는 걸까?

그 사람이 바로 당신일 수도 있다. 몇십 년 후, 당신의 모습을 상상해본 적이 있는가? 지금보다 훨씬 더 잘되어 있을 거라 호언장담하는 이도 있을 것이고, 지금보다 더 절망적인 상황이 되지 않을까 우려하는 이도 있을 것이다.

이처럼 앞으로 다가올 미래의 상황이나 자신의 모습에 대해서는 그 누구도 '이렇게' 될 거라고 확신할 수 없다. 그러나 확신할 수 없을 뿐이지 예측은 가능하다. 일기예보처럼. 물론 일기예보가 빗나가는 경우도 있지만 대개는 맞아떨어진다.

성공과 행복을 부르는 습관도 시뮬레이션이 필요하다

'시뮬레이션'이라는 용어가 있다. 일단 그 사전적 의미부터 알아보자.

> 시뮬레이션 : 복잡한 문제를 해석하기 위하여 모델에 의한 실험, 또는 사회현상 등을 해결하는 데서 실제와 비슷한 상태를 수식 등으로 만들어 모의적模擬的으로 연산演算을 되풀이하여 그 특성을 파악하는 일.

시뮬레이션은 즉, 미래에 일어나는 일을 사전에 연습해보는 것이다. 연습을 통해 혹여 발생할 수 있는 돌발 상황에 대해 대처 능력을 향상시키고 최대한 실수를 줄여 성공 확률을 높이기 위함이다.

찰스 콘래드 주니어를 아는가? 그는 세 번째로 달 표면을 밟은 지구인이다.

대부분 사람들은 처음만을 기억한다. 그래서 달 착륙이라고 하면

으레 아폴로 11호와 인류 최초로 달에 발을 딛은 닐 암스트롱만 떠올린다. 물론 최초라는 게 사람들의 인식 속에 강하게 자리 잡는 면도 있고 또한 중대하고 기념비적인 사건임에 분명하다. 그렇다고 최초라는 타이틀 이후의 사람들의 업적과 노력이 퇴색된다는 건 분명 안타까운 일이다.

찰스 콘래드 주니어는 아폴로 12호를 타고 달에 날아가 닐 암스트롱과 버즈 올드린에 이어 세 번째로 달 표면을 걸었다. 그 후로 앨런 빈, 앨런 셰퍼드, 에드거 미첼 등도 달에 방문을 했다.

여기서 말하고자 하는 건 그가 몇 번째였는지나 그의 업적에 대한 게 아니다. 달 표면에 도착했을 때 찰스 콘래드 주니어가 남긴 말이다. 그 말 속에서는 분명 우리가 배울 만한 요소가 숨겨져 있다.

그는 달에 착륙해 탐색하면서 다음과 같이 말했다.

"이곳은 마치 옛날의 보금자리로 돌아온 느낌이다. 희한하게도 여기를 이미 몇 번이나 왔었던 기분이 든다."

달나라에 착륙했을 당시, 그의 마음은 미지의 세계를 접했다는 설렘도 있었겠지만 분명 낯섦과 두려움과 공포심이 훨씬 더 큰 비중을 차지하고 있었을 거다. 그럼에도 불구하고 달에 대해 옛날의 보금자리로 돌아온 느낌이라고 밝힐 수 있었던 그 힘의 원천은 무엇일까.

그건 생소하고 낯설고 두려운 달이었지만 왠지 모르게 느껴지는 익숙함 때문일 것이다. 그 익숙함은 바로 수도 없이 행했던 시뮬레이션의 효과다.

실제로 우주비행사들은 우주선을 타고 대기권 밖으로 나가기 전

까지 수도 없는 예행연습을 한다. 무중력상태에서의 행동과 호흡과
정신상태까지 반복적으로 점검한다. 사막에 달 착륙선을 만들어놓
고 실제 상황인 것처럼 똑같이 연습한다. 이러한 반복 훈련을 여러
달에서 길게는 몇 년씩 한다. 그래서 실제로 달에 가서도 당황하지
않고 평상심을 유지한 채 익숙하게 대처할 수 있는 것이다. 콘래드
역시 마찬가지였다.

이처럼 시뮬레이션의 충분한 반복을 통해 연습한 이기는 습관이
성공의 확률을 높인 것이다.

인생은 예측가능한 시나리오다

성공한 자들은 무턱대고 덤비지 않는다. 충분한 시뮬레이션이 성
공과 승리를 가져다준다는 걸 알고 있다.

창업 상황의 예를 보자.

한 창업자가 1억 원을 투자해 오리전문 음식점을 창업하고자 한
다고 치자. 마음만 급하다고 다 되는 건 아니다. 차분하고 철저히 준
비해야 성공을 거둘 수 있다.

일단 유동인구가 많은 가게를 얻어야 한다. 가게 인테리어도 오리
전문점답게 거기에 맞는 콘셉트를 갖고 꾸며야 한다. 그리고 오리에
대한 공부도 필요하다. 어떤 부위가 있고 국내산과 수입산의 가격

9

차이와 유통 흐름도 어느 정도 인지하고 있어야 한다.

창업에 필요한 제반 시설이나 절차가 어느 정도 마무리되면 이미 성공가도를 달리고 있는 오리전문점의 사전탐사도 반드시 빼먹지 말아야 한다. 대박 사장님과 친분도 쌓고 왜 대박이 났는가에 대한 분석도 해보고 운영 노하우도 획득할 수 있도록 애를 써야 한다.

'이 정도면 됐겠지' 하고 섣불리 손님을 맞이해서는 안 된다.

적어도 일주일 정도는 사전연습이 필요하다. 사업에 있어서 가장 중요한 건 사람이다. 사람을 운영하는 일도 그렇고 사람을 대하는 일도 그렇다. 종업원 수는 물론이고 나이, 성별, 월급 체계 등 미리 원칙을 정하고 그 원칙을 바탕으로 관리해야 하며 무엇보다도 서비스 교육이 철저해야 한다.

이렇게 여러 준비를 마쳤음에도 불구하고 막상 가게 문을 오픈하면 생각지도 못한 상황이 연출되곤 한다. 그래서 여러 가지 경우를 대비한 사전 연습이 필요한 것이다. 술 취한 사람을 응대하는 태도나 음식에 대한 불만을 토로할 때의 응대 방식 또는 직원 간의 갈등 등을 민방위 훈련하듯 모의상황을 연출해 미리미리 연습하고 적절한 대응능력을 길러야 한다.

물론 이와 같은 시뮬레이션을 수십 차례 반복적으로 한다고 해서 모든 것이 다 성공한다고 보장할 수는 없지만 적어도 하지 않는 것보다는 성공의 확률을 높일 수 있음은 분명한 사실이다. 며칠 늦는 건 아무 것도 아니다. 원하는 바를 얼마나 이룰 수 있느냐가 더 중요하다.

준비가 덜 된 사람은 이미 실패를 예견한다. 그러다 보니 어차피 실패할 거라는 패배의식 때문에 그 일에 열중할 수도, 열정을 쏟을 수도 없다.

누군가는 '인생이란 예측 불가능한 시나리오'라고 말했다. 물론 살다 보면 생각지도 못한 일이 갑자기 일어나긴 하지만 그런 것을 제외하고는 대부분 예측 가능하다. 예측 가능한 이유는 지금까지의 습관이나 행동 또는 의지가 미래에 반영되기 때문이다.

지금 당신은 무엇을 계획하고 있으며, 무엇을 준비하고, 어디를 향해 달려가고 있는가?

지금 당신의 눈에 2060년 한가운데 서 있는 당신의 모습이 보이지 않는가? 당신이 원하는 모습일 수도 있고 기대에 미치지 못하는 모습일 수도 있다. 그 모습을 만드는 건 당신의 몫이다. 계획하고 준비하고 반복하는 동안 당신의 미래의 모습이 서서히 윤곽을 드러낼 것이다.

Prologue

지금 바뀌지 않으면 영원히 바꿀 수 없다 _ 6

Chapter 1

내 안에서부터 바람이 불고 내 안에서부터 꽃이 핀다

01 내가 마련한 마음의 방으로 나를 초대하라 _ 18
- 스티브 잡스가 거울 속 자신에게 물었던 말은 무엇일까?

02 비전이 담긴 '미리 쓰는 유서'를 써라 _ 26
- 살아 있다는 그 자체가 얼마나 가슴 뛰는 일인가

03 관 속으로 들어가기 전까지 배움을 멈추지 마라 _ 34
- 공자는 왜 일곱 살 소년을 스승으로 모셨을까?

04 나를 위로해줄 수 있는 일 하나쯤은 가져라 _ 42
- 술이 좋다면 죽지 않을 만큼 마시는 것도 괜찮다

05 나를 가장 괴롭히는 사람이 바로 나 자신임을 알아라 _ 48
- 지금으로도 충분히 멋진데 도대체 뭐가 문제인가?

06 가장 잘할 수 있는 그 비밀의 열쇠를 찾아내라 _ 56
- 말더듬이로 평생 살 테니까 대신 무얼 줄 수 있나?

07 제대로 된 실력이 가장 힘이 세다는 걸 알아라 _ 62
- 피히테, 자네는 내 제자가 될 자격이 충분하네

Chapter 2

습관이 나를 관리하기 전에 내가 습관을 관리해야 한다

08 생각이 날개를 달고 달아나기 전에 올가미로 잡아둬라 _ 70
- 신문에 나온 야구 통계는 성에 차지 않아!

contents

09 작은 것 하나에 인생이 걸려 있다는 걸 잊지 마라 _76
- 0+1은 1이 아니라 100이라면 믿겠습니까?

10 시곗바늘을 지배하여 세상을 지배하라 _82
- 2만 5천 달러, 그 엄청난 돈이 아깝지 않은 이유

11 나쁜 것에 지지 말고 그 싹을 모조리 잘라내라 _90
- 살아서도 심지어 죽어서까지 술을 찾는 건 왜일까?

12 답답했던 인생, 굿 아이디어로 인생을 뒤집어라 _98
- 로또보다 인생역전하기 쉬운 방법을 아세요?

13 스트레스랑 포옹도 하고 기쁜 마음으로 키스도 하라 _104
- 메기와 함께 지낸 미꾸라지가 왜 더 건강할까?

Chapter 3

사람 안에는 또 사람이 있고 그 사람 안에는 또 다른 사람이 있다

14 갈등의 불씨를 현명한 협상으로 꺼버려라 _112
- 5만 달러씩 20년 동안 지불하는 건 어떻소?

15 균형 잡힌 관계를 위해 기브 앤드 테이크를 하라 _120
- 친해지려고 잡고 늘어지는 건 민폐다

16 인생의 길을 함께 걸어갈 친구를 만들어라 _126
- 인생의 절반이면서 성공의 필수요소는 과연 뭘까?

17 감사해야 할 사람을 찾아 그 마음을 표현하라 _132
- 당신에겐 그럴 자격이 충분히 있습니다

18 마음을 열고 싶고 진심을 전하고 싶다면, 편지를 써라 _138
- 스물일곱 살 청년은 어떻게 백만장자가 되었던 걸까?

19 상처가 되는 말에 절대로 무너지지 마라 _144
- 범퍼카는 서로 부딪치라고 타는 것이니까

20 속이려 하지 말고 숨기려 하지 말고 정직하라 _150
- 아, 그 약! 그나저나 여전히 왜 1등을 하지?

contents

Chapter 4

뜨겁게 타오르지 않는 심장은 고철덩어리에 불과하다

21 무모하리만큼 강한 자신감을 발휘하라 _ 160
- 교수님, 제가 당신을 고용하겠습니다

22 자발적인 동기부여로 좋은 성과를 이뤄라 _ 166
- 내 일은 내가 알아서 할 테니 이제 시키지 마

23 이왕 할 거라면 미적거리지 말고 적극성을 가져라 _ 172
- 맨 앞줄에 앉아 질문하는 자는 참으로 예뻐 보인다

24 그 상황에서 할 수 있는 최선을 다 보여라 _ 178
- 현빈이 너에게 묻는다. '이게 최선입니까?'

25 시작의 시점을 정하려고 괜한 시간을 낭비하지 마라 _ 184
- 내 나이 고작 100살인데 하고 싶은 거 해야지

26 지금 주어진 상황에 감사하는 긍정의 마음을 가져라 _ 190
- 가난하고 못 배우고 허약한 게, 얼마나 감사한 일인가!

Chapter 5

흔들리지 않고 쓰러지지 않고 피지 않는 꽃이 어디 있으랴

27 버티지 말고 실패를 정직하게 인정하라 _ 198
- 체면과 자존심을 내려놓으면 홀가분하다

28 실패에 대한 두려움을 과감히 던져버려라 _ 204
- 그나마 남아 있는 0.3%의 확률, 어떻게 할까?

29 후회할 때까지 기다리지 말고 지금을 살아라 _ 210
- 강물이 흐르듯 물고기도 흐르고 시간도 흐른다

30 스스로 '여기까지'라고 단정하지 마라 _ 216
- 비범하게 태어났으면서 왜 평범하게 사는 거니?

31 두려움이 다가오면 차라리 정면으로 충돌하라 _ 222
- 오히려 태풍 한가운데로 걸어 들어가야 해

32 천 개의 절망 앞에서도 희망의 불씨만은 지켜라 _ 228
- 아직도 나에겐 한쪽 눈꺼풀이 남아 있잖아

Chapter 6

사라져버린 공룡이 강한 게 아니라 살아남은 개미가 더 강하다

33 경쟁은 숙명이니 받아들여라 _ 236
- 왜 우리는 아웅다웅 다투며 사는 걸까?

34 경쟁은 나를 죽이는 게 아니라 살란다는 걸 알아라 _ 242
- 아폴로 11호는 왜 달나라로 날아간 걸까?

35 만나고 싶은 사람이 있다면 어떻게든 만나라 _ 248
- 스티브 잡스, 소년에게 손을 내밀다

36 자기만의 흥미로운 이야깃거리를 만들어라 _ 254
- 왜 여섯 개의 종을 달아놓아야 하는 거죠?

37 문제에 조종당하지 말고 해법을 찾아내라 _ 260
- 공항에 치어리더가 나타나다니, 참으로 놀랍군!

38 몸 안에 숨겨져 있는 작은 장점을 끄집어내 습관화하라 _ 266
- 가진 것도 없고 재능도 없지만 성공을 꿈꾸는가?

39 성공한 사람들과 어울리고 꿈이 있는 곳에 머물러라 _ 272
- 모건과 함께하면 나도 모건이 될 수 있나요?

Chapter 1

똑같은 바람으로도
어떤 배는 동쪽으로 향하고
어떤 배는 서쪽으로 향한다.
배의 방향을 결정짓는 것은
바람이 아니고 돛이다.
인생을 여행하는 운명의 길도
바다의 바람과 다를 바 없다.
그 방향을 결정하는 것은
평화나 전쟁이 아니고
영혼의 의지이다.
너의 의지이다.

— 윌콕스

내 안에서부터 바람이 불고 내 안에서부터 꽃이 핀다

01 내가 마련한 마음의 방으로 나를 초대하라

마티니 한 잔이나 텔레비전 연속극이
당신을 진정으로 즐겁고 풍요롭게 해줄 수 있을까?
당신의 영혼을 살찌우고 갈등을 풀어줄 수 있을까?
결코 그렇지 않을 것이다.
명상과 같은 영적 활동을 할 수 있는 시간을 내기가
어려운 것은 사실이지만 그것은 그만 한 가치가 있는 것이다.

– 잭 캔필드

사과나무 주인은 큼지막한 사과를 보며 흐뭇해했다.

봄과 여름 내내, 물도 주고 가지도 잘라주고 거름도 주며 정성껏 가꾼 게 헛되지 않았다. 가을이 되니 나무에 사과가 주렁주렁 열렸다. 대풍년이었다.

사과는 맛도 좋고 당도도 높아 상품가치도 높았다. 시장에 내놓자마자 순식간에 사람들이 몰려들었다.

"사과 좀 주쇼."

"저도요. 참으로 탐스럽게 생겼네."

"새빨간 것 좀 봐. 우리 아이들이 참 좋아하겠네."

사과는 순식간에 다 팔렸다.

다음 해에도 사과농사는 역시 풍년이었다. 그 후로도 몇 해 동안 사과는 잘 자랐고 주인의 입가엔 미소가 떠나지 않았다.

그런데 어느 가을, 희한한 일이 벌어졌다. 작년에 비해 사과가 크기가 작아졌고 당도도 낮아졌다. 상품가치가 떨어져 시장에 내놓아도 그리 좋은 반응을 얻지 못했다.

"도대체 이런 사과를 누가 먹겠어."

"공짜로 준다면 모를까 돈 주고 사먹기는 좀 그렇지. 쯧쯧."

주인은 수백 개의 사과를 들고 시장에 나갔지만 고작 열 개도 팔지 못했다. 봄과 여름 내내, 나름대로 땀과 정성을 쏟았는데 왜 이런 결과가 나왔는지 도통 알 수가 없었다. 어쩔 수 없이 전문가에게 사과나무 점검을 의뢰하기로 했다.

점검한 결과, 뿌리 쪽에서 이상이 있음을 알 수 있었다. 뿌리에 작은 벌레들이 달라붙어 뿌리를 썩게 만든 것이다. 주인은 어떻게든 사과나무를 살려보려 했지만 이미 때는 늦었다. 결국, 사과나무는 죽고 말았다.

이 이야기는 단순히 사과농사에 관한 이야기가 아니다.

인생을 살아가는 데 있어 자기 성찰이 얼마나 중요한가에 관한 이야기다. 사람들은 눈에 보이는 성과물에만 관심이 있다. 그 성과물을 얻어내기 위해 얼마나 많은 열정과 시간을 쏟아붓는가는 관심 밖이기 쉽다.

물론 어떤 성과물을 얻어내기 위해 목표를 세우고 그것을 향해 매진하는 행동과 노력은 분명 멋지고 아름답고 칭찬받아 마땅하다. 하지만 간과해서는 안 될 게 있다. 성과물 내지 목표에만 매달리다 보면 상대적으로 소홀해지는 부분이 있게 마련이다. 바로 내 마음 속 참 가치와 삶의 의미이다.

자동차가 너무나 빠른 속도로 달리다 보면 목적지에는 빨리 도착할 수 있지만 중간중간 보이는 아름다운 풍경들을 놓치고 만다. 또한 그 속도에 취해 달리다 보면 내가 지금 왜 달리고 있는가를 잊을 때도 있다. 정상을 향해 위만 보고 올라가는 것도 중요하지만 가끔은 그 자리에 멈춰 서서 내가 얼마나 왔는지, 지금 나는 무엇을 위해 올라가고 있는지 점검할 시간이 필요하다.

뿌리 없는 가지를 봤는가. 뿌리 없는 열매를 봤는가. 모든 것은 뿌리로부터 시작되고 뿌리에서 완성된다. 인간의 뿌리, 성공의 뿌리, 목적의 뿌리는 모두 다 마음이다. 뿌리 없는 마음이라면 그 무엇을 얻어도 기쁘지 않고 보람이 없다. 자기 스스로 마음을 다스리지 못하고 자기 성찰의 시간을 갖지 못한다면 삶의 주체를 잃어버리고 결국 환경에 끌려다니는 삶을 살 수밖에 없다.

가끔씩은 가던 길을 멈추고 뒤를 돌아볼 시간, 나를 점검할 시간, 인생의 의미를 되새기는 시간이 필요하다. 그래야 앞으로 더 나아갈 동기부여와 힘이 된다.

스티브 잡스의 거울 속엔 누가 있을까

스티브 잡스는 최첨단 디지털 제품 개발과 시대를 앞서가는 심플하면서도 세련된 디자인으로 세상을 놀라게 했다. 또한 담백하면서도 정곡을 찌르는 프레젠테이션으로 젊은이들의 절대적인 지지를 받고 있다.

이런 면만을 보면 그의 행동이나 삶 자체가 화려하고 동적인 스펙트럼을 갖고 있을 거라 생각되지만 의외로 그는 정적이고 깊은 내면의 소유자다.

그는 1학기 만에 대학교를 그만뒀고, 그 후 명상이나 요가, 동양 철학에 관한 책 등에 본격적으로 관심을 갖기 시작했다. 그 관심은 일시적으로 끝난 게 아니라 그에게 행동을 유발시킬 만큼 점점 깊어 갔다. 마침내 그는 배낭을 메고 인도로 향했다. 태평양을 건너 머나 먼 인도까지 날아간 이유는 책으로만 접했던 동양철학, 특히 불교에 대해 직접 눈으로 보고 느끼고 싶었기 때문이다.

인도에 도착한 그는 고대 사찰 여기저기를 둘러보고 스님들과 대화를 나누며 폭넓게 불교문화를 만났다. 인도 여행을 통해 그는 인생과 자아에 대해 보다 더 깊게 들여다볼 수 있는 깨달음의 시간을 얻었다. 미국으로 돌아온 그는 성공과 꿈에 대해 열정적으로 대처하기도 했지만 자기 성찰의 시간 역시 중요하게 생각했다.

그는 한 대학의 졸업식 축사에서 이렇게 말한 바 있다.

"나는 매일 아침 거울을 보면서 나 자신에게 이렇게 묻습니다. '만일 오늘이 내 인생의 마지막 날이라면, 내가 오늘 하려는 것을 할까?'라고 말이죠."

그의 삶은 그리 순탄하지 않았다.

애플 컴퓨터 개발로 한순간에 청년 갑부가 되었지만 나중에는 자신이 만든 회사에서 쫓겨나는 굴욕을 당하고 말았다. 그 후 방황의 시간을 보내다가 애니메이션 사업에 손을 댔는데 처음에는 회생의 기미를 보였지만 점점 벼랑끝으로 내몰렸다. 그러다가 잡스가 개발한 넥스트스텝을 원했던 애플이 잡스의 넥스트 사를 인수하면서 그는 결국 애플로 다시 돌아왔다. 그리고 쓰러져가는 애플을 살리며

이 시대의 아이콘이 되었다.

세상 사람들이 그에게 거는 기대가 워낙 컸기 때문에 그는 아마도 세상을 놀라게 할 만한 창조물을 만들어내야 한다는 극심한 스트레스와 압박감에 시달렸을 게 분명하다. 그렇지만 그는 그것들을 슬기롭게 극복하고 매번 놀라운 제품을 만들어냈다. 그게 가능할 수 있었던 건 멈출 때를 알고, 자기를 되돌아보는 자기 성찰의 시간을 가졌기 때문이 아닐까 생각해본다.

나를 되돌아보는 시간, 즉 자기 성찰은 성공을 이루는 데 없어서는 안 될 요소이다. 빌 게이츠가 하던 일을 멈추고 '생각주간'이라는 시간을 따로 갖는 것도, 워렌 버핏이 바쁜 일정 속에서도 매일 아침마다 신문을 보고 잠깐의 명상 시간을 갖는 것도 이 맥락일 것이다.

성공을 원한다면 그 일에서 잠시 몇 걸음 물러나 객관적으로 바라보고 또한 인생과 나 자신을 바라보는 몰입의 시간을 확보하는 게 앞으로 나아가는 방법이다.

인생을 깊이 있게 하고 나를 발전시킬 시간이 필요하다

현대인들은 바쁘다. 아침 일찍 일어나 저녁 늦게까지 바쁘게 움직인다. 그렇게 바쁘게 움직이는데도 인생이 나아진다고 생각되지 않는다. 힘은 힘대로 들고, 생활은 날이 갈수록 쪼들리고, 사는 게 만만치 않다.

직장인은 상사의 눈치도 봐야 하고 업무에 대한 중압감도 스트레스다. 이러다 보니 집에 돌아오면 바로 쓰러지고 만다. 그렇다고 늘 똑같을 수는 없지 않은가. 더 나은 내일이 올 거라는 기대감 속에서 다시 또 살아가야 한다. 그러기 위해선 마음 단련이 무엇보다 중요하다. 마음이 약해지면 단 한 발짝도 나아갈 수 없기 때문이다.

자아 성찰을 할 시간이 없다는 건 핑계에 불과하다. 하루 5~10분이면 충분하다. 혼자서 생각하는 시간을 갖는 것이 익숙하지 않고 또한 귀찮기 때문이지 시간이 부족해서 그런 건 아니다.

하루치의 피로를 풀 수 있는 욕조도 좋고 한가한 공원 벤치도 좋고 TV 소리나 휴대폰 소리가 울리지 않는 조용한 공간도 좋다. 방해받지 않고 집중할 수 있는 장소라면 어디라도 좋다. 차분하게 앉아 하루를 정리하고 산만하게 흩어져 있는 의식을 자신에게 모으는 시간을 매일 꾸준히 갖는다면 분명 삶의 변화를 경험하게 될 것이다.

모든 것은 생각과 의식에서부터 시작된다. 그리스 철학자 소크라테스는 "자기 성찰이 없는 삶은 무의미한 인생이다"라고 말했다. 살아가면서 나 자신을 만나고 나 자신을 잃어버리지 않는 게 어쩌면 진짜 내 인생을 살아가는 건 아닐까 생각한다.

나는 어디서 왔는가.

나는 어디로 가는가.

나는 잘 살고 있는가.

그리고 나는 누구인가.

이 질문을 매일 스스로에게 던지고 답을 하라. 그 물음과 답 사이에 진정한 삶이 있고 진짜 당신이 있다. 오늘의 질문이 내일의 나를 만든다. 오늘의 반성이 내일의 나를 발전시킨다. 오늘의 성찰이 내일의 나를 풍요롭게 만든다.

"당신은 누구인가?"
"당신은 당신의 인생을 살고 있는가?"
"당신은 발전적인 삶을 살고 있는가?"
이 책이 이 질문에 대한 답을 줄 거라 확신한다. 지금과는 다른 당신을 만나게 될 것이다. 어제보다 나은 미래를 얻을 수 있을 것이다. 훨씬 더 발전된 당신을 기대해도 좋다. 분명 당신은 달라지기 시작했고 이미 달라졌다.

비전이 담긴
'미리 쓰는 유서'를
써라

– 살아 있다는 그 자체가 얼마나 가슴 뛰는 일인가

당신이 말한 대로
이 봄이 첫 번째이자 마지막 봄처럼
내게도 느껴졌다는 거예요.
한 계절을 그게 처음이자 마지막이라고
동시에 느낄 수 있다는 것도 처음 알았죠.
그렇게 늘 오는 계절이,
혹여 그것이 누군가에게는 마지막 계절이 될 수 있다는 거.

– 공지영

'죽음'이라는 단어를 떠올리면 어떤 생각이 드는가?

대부분 무겁고 꺼림칙하며 두렵다는 생각이 들 것이다. 그래서인지 몰라도 사람들은 죽음에 대해 생각하고 싶어 하지 않는다. 생각해봤자 마음만 심란하고 우울하고 허무해지기 때문이다.

그러나 죽음에 대한 생각이 꼭 부정적인 측면만 있는 걸까. 세상 모든 가치는 동전의 앞뒷면처럼 양면성을 가지고 있다. 따라서 죽음에도 분명 긍정적인 측면이 있게 마련이다. 비록 부정적인 측면보다 적을지도 모르지만 그 적은 부분에서 우리가 배울 게 있다면 그것만으로도 충분히 가치 있지 않을까.

예전에 '명랑 히어로'라는 TV 프로그램에 '두 번 살다'라는 코너가 있었다. 이 코너의 주요 콘셉트는 매주 한 명의 게스트가 나와 자신의 가상장례식을 치르는 거였다.

고인이 된 게스트를 추모하기 위해 장례식장에 지인들이 조문을 온다. 지인들은 삼삼오오 모여 고인과의 추억거리를 풀어내기도 하고 그의 사람 됨됨이에 관해 평가를 내리기도 한다. 지인들 중에는 고인과의 만남을 아름다웠다고 말하는 이도 있고 서운했던 감정을 표출하는 이도 있다.

이 모든 상황들을 고인이 된 게스트는 경청하고 지켜보며 자신이 살아왔던 삶을 되돌아본다. 코너의 말미에 고인은 환생을 해 지인들과 다시 조우한다. 그리고 죽음을 경험했던 소감과 앞으로 남은 생에 대한 자신의 계획이나 의지를 글로 밝히면서 프로그램은 마무리된다.

이 코너가 예능 프로그램이기 때문에 다소 장난스럽고 가벼운 감도 있었지만, 여하튼 죽음에 대해 보다 더 친근하게 다가갈 수 있게 해주고 남은 인생을 어떻게 살아가야 할지를 생각하게끔 하는 순기능을 했다.

죽음을 생각하는 순간, 삶은 다시 시작된다

죽음에 대해 두려움을 갖기보다는 조금은 부드럽게 대하고, 밀어낼 게 아니라 정을 붙여보는 것도 나쁘지 않을 듯하다. 어차피 인간은 태어나면 한 선을 긋게 되는데 그 선의 끝엔 죽음이 있다.

삶과 죽음은 어쩌면 하나일 수도 있다. 죽음은 삶의 완성이라 생각해도 큰 무리는 아닐 것이다. 죽음에 대해 지나치게 경계하고 두려워하기보다는 지금보다 더 나은 삶을 살게 해주는 계기, 즉 사고의 전환으로 받아들인다면 죽음 역시 삶의 일부가 된다.

실제로 죽음에 관해 인식하는 것이 생각보다 더 많은 긍정적인 측면이 있다는 것을 증명한 연구결과가 나왔다.

한 연구소는 '셀프 앤 아이덴티티 저널'에 다음과 같은 연구결과를 실었다.

"죽음에 대한 관념을 가진 여성들은 유방암 자기진단 검사를 더 많이 받았으며 또한 자외선 차단제를 더 잘 바르고 운동도 더 열심히 했다. 금연을 하고자 하는 노력도 더 적극적이었고 성생활을 통해 삶의 활력을 찾으려고 노력하기도 했다."

극한 상황에 빠진 사람이 그 상황을 벗어나게 되면 지금의 평온과 안락이 얼마나 행복한 일인가 깊이 감사하는 마음이 생기듯, 죽음에 대해 진지하게 생각한 사람이라면 그 생각의 끝에는 바로 생에 대한 애착과 새로운 날에 대한 다짐이 뒤따르게 마련이다. 자신의 삶에서 후회나 잘못이나 안타까움을 줄이고자 하는 의지의 발로라 할 수 있겠다. 따라서 죽음이 오히려 삶을 보다 더 긍정적으로 만들어주고 정신건강도 향상시킨다고 말할 수 있겠다.

한 연구에서도 부자들에게 자신의 죽음에 대해 구체적으로 생각하도록 한 후 삶의 우선순위를 다시 정해보라고 하자, 돈과 명예보다는 행복이나 자아에 대한 생각이 우선순위가 되었다고 한다.

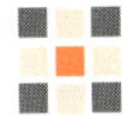

새롭게 나를 태어나게 하는 유서 쓰기와 버킷 리스트 작성하기

이해인 수녀의 '미리 쓰는 유서'라는 시의 일부를 소개한다.

묘비엔 관례대로

언제 태어나고

언제 수녀가 되고

언제 죽었는가

단 세 마디로 요약이 될 삶이지만

'민들레의 영토'에서

행복하게 살았다고

남은 이들 마음속에

기억되길 바랍니다

영정 사진은

너무 엄숙하지 않은 걸로

조금의 웃음이 깃든 걸로

놓아주세요

시를 쓰지 않아도 되는 지금

나는 이제 진짜 시가 되었다고 믿고 싶어요

갚을 길 없는 사랑의 빚은

그대로 두고 감을 용서하셔요

유서라는 것은 죽음 직전에 세상에 남기는 자신의 마지막 흔적이며 의지 표현이다. 그렇기 때문에 보다 더 진실하고 고귀하며 투명하다. 그러나 유서라는 것을 꼭 죽음 직전에 쓰라는 법은 없다. 유서를 써봄으로써 일종의 '인생중간점검'의 시간을 갖게 되는 장점이 있다. 오늘 당장 차분하고 정갈한 마음으로 자신의 유서를 미리 써보는 건 어떨까.

미리 유서 쓰기로 자신의 생각과 마음을 다잡았다면 이제는 버킷 리스트를 작성해 마음속 자신의 꿈을 점검하고 그 꿈을 향한 실천 의지를 되새기는 것도 보람찬 일일 것이다.

'죽다'라는 뜻의 속어 'Kick the Bucket'에서 유래된 '버킷 리스트 Bucket List'는 죽기 전에 꼭 하고 싶은 일을 항목으로 적어 실천하는 것을 말한다.

살아 있는 동안에는 하고 싶은 일이 뭔지도, 꼭 해야 할 일이 뭔지도 모르다가 죽음을 앞두고 있으면 한꺼번에 생각난다. 그 생각을 행동으로 옮기고 싶은 열정과 갈망은 더욱 뜨거워진다. 그러므로 버킷 리스트를 작성하고자 한다면 몇 달 후에 내가 죽을 거라는 가정 하에 작성해보자. 훨씬 더 진실이 담겨지고 실천의지는 더 많이 반영될 것이다.

오지탐험가이자 빈민구호단체에서 활발히 활동하고 있는 한비야 작가도 예전에 버킷 리스트를 작성한 적이 있는데 그 계기가 참으로 희한했다.

어느 날 종합건강검진을 받았는데, 병원에서 결과를 전화로 통보해준다고 해놓고는 갑자기 월요일에 직접 오라는 연락이 왔단다. 순간, 그녀는 두려운 생각이 들었다. 전화로 알려주지 않고 굳이 오라는 것은 분명 결과가 심상치 않은 게 아닐까, 하는 마음에 하루 종일 일이 손에 안 잡히고 안절부절못했다. 급기야는 아직 꽃도 피우지 못했는데 이대로 죽는 건 아닐까 하는 나쁜 생각까지 들어 사람이 무기력해졌다고 한다.

그러나 가까이 다가온 죽음은 역설적으로 오늘을 어떻게 살아야 하는가에 대한 강한 동기부여를 해주었다. 그래서 그녀는 이렇게 죽을 수 없다는 생각에 '버킷 리스트'를 작성했다.

- 나이대별 리스트 -

❶ 50대 : 구호 현장 최전선에서 일하기, 백두대간 종주, 각 대륙의 최고 봉 등정, 배타고 지구 세 바퀴 반 돌기

❷ 60대 : 후진양성, 후배교육, 강의, 글쓰기에 전념하기, 못다 한 오지여행, 세계를 움직이는 사람 100인 파워인터뷰

❸ 70대 : 성지순례, 세계의 국립공원 여행

❹ 80대 이후 : 조용히 책보며 지내기, 가진 것을 몽땅 나누어 주기

물론 건강검진 결과 염려할 만한 일은 생기지 않았지만 여하튼 죽음이라는 것에 대한 생각이 더더욱 그녀를 성숙하게 만들고 그녀의 꿈을 보다 구체화시키는 역할을 한 게 사실이다.

당신도 한번 죽음에 대해 진지하게 생각해보라.

미리 쓰는 유서도 작성해보고 버킷 리스트를 작성해보라. 죽음이

어쩌면 나태해진 당신의 일상에 뜻밖의 기적을 선물할지도 모른다.

마지막으로 스티브 잡스의 말을 가슴에 새기자.

"죽음은 삶이 만든 최고의 발명품일 테니까요. 죽음은 삶의 변화를 가능하게 하는 동력입니다. 죽음은 낡은 것을 없애고 새로운 것에 길을 내어줍니다."

03 관 속으로 들어가기 전까지 배움을 멈추지 마라

배우는 자가 되어라.
삶은 새로운 것을 받아들일 때만 발전한다.
결코 아는 자가 되지 말고
언제까지나 배우는 자가 되어라.
마음의 문을 닫지 말고
늘 열어두어라.

– 오쇼 라즈니쉬

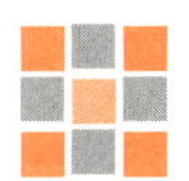

학창시절에 가장 많이 들었던 말이 뭘까? 오래 생각하지 않아도 그 답을 알 수 있다.

아마도 "제발 공부 좀 해라"라는 말일 것이다. 부모님이나 선생님으로부터 귀에 못이 박히도록 이 말을 들었을 것이다. 그럴 때마다 얼굴을 잔뜩 찌푸리며 한숨을 내쉬었을 거다. 그리고 속으로 이렇게 생각했으리라.

'졸업만 해봐라. 이제 공부하고는 영원히 굿바이다. 완전히 내 세상이다.'

그런데 과연 그 생각대로 될까? 졸업을 한다고 해서 공부와 영영 이별이고 완전히 내 세상이 될까? 그렇지 않다. 배움이 끝이 없다는 말이 괜히 나온 게 아니다. 어쩌면 학교를 떠나 사회로 나온 후에는 더 많은 배움, 진짜 공부가 필요한지도 모른다.

직장을 얻기 위해서는 자기계발을 게을리해서는 안 되고, 직장에 들어간다 해도 배움을 멈춰버리면 세상의 흐름에 뒤처져 도태되고 만다. 이처럼 공부와 배움에서 자유로울 수 없는 게 현실이다.

그렇다고 배움을 단지 경쟁에서 우위를 차지하기 위한 목적으로만 생각하면 그것은 고통 그 자체다. 공부하는 내내, 지겹고 힘들 것이다. 배움은 경쟁력을 높이는 수단도 되지만 그보다 더 중요한 가치가 있다. 배움은 사람을 사람답게 만들고 성취의 동기를 부여하고 앎의 기쁨을 준다.

장자는 배움의 가치를 이렇게 말했다.

"사람이 배우지 않으면 재주 없이 하늘에 오르는 것과 같고, 배워서 지혜가 깊어지면 마치 구름을 헤치고 푸른 하늘을 보며 높은 산에 올라 사해를 바라보는 것과 같다人之不學 如登天而無術 學而智遠 如披祥雲而覩靑天."

세상의 이치를 깨닫고 세상 사람들에게 존경받아왔던 공자도 배움 앞에서는 자신을 한없이 낮췄다. 그리고 배우고자 하는 열망이 얼마나 강했는지 모른다. 배움 앞에서는 때와 장소 그리고 대상도 가리지 않았다.

공자는 일곱 살 소년 항탁에게 스승의 예를 갖춘 적이 있다. 왜 공자는 항탁을 자신의 스승이라 말했던 걸까. 내용인즉 이랬다.

공자가 연나라로 가던 중, 일곱 살짜리 한 소년이 갑자기 공자의 앞길을 가로막았다.

"왜 그러느냐? 너는 누구냐?"

"저는 항탁이라고 합니다. 공자님께서는 학문이 아주 뛰어나다고 들었습니다. 그래서 가르침을 받고자 합니다."

"그렇구나. 어떤 어려움이 너를 힘들게 하느냐?"

"제가 하나 여쭤도 되겠습니까?"

"그렇게 하려무나."

"그럼 여쭙겠습니다. 고기가 자랄 수 없는 물이 있을 수 있습니까? 연기가 나지 않는 불이 있을 수 있는 것입니까? 잎사귀가 없는 나무가 있을 수 있는 것입니까? 가지가 없는 꽃이 있을 수 있는 것입니까?"

소년의 질문을 들은 공자는 허허허 웃으며 말했다.

"요 녀석, 장난이 심하구나. 세상에 그런 게 어디 있느냐? 늪이나 강이나 바다나 하천이나 그 어떤 물에든 모두 고기가 있고, 풀과 나무로 피우는 불에는 모두 연기가 있으며, 잎사귀가 없으면 나무라고 말할 수 없고, 가지가 없으면 꽃이 피지 못한다. 안 그러느냐?"

소년은 공자의 말씀을 듣고 정색을 하며 되받아쳤다.

"틀렸습니다. 우물에는 고기가 없고 반딧불이에는 연기가 없고 마른 나무에는 잎사귀가 없고 눈꽃에는 가지가 없습니다."

소년의 말을 듣고 공자는 얼굴이 붉어졌다.

"그래그래. 너의 말이 옳구나. 나이는 비록 어리지만 생각의 깊이가 아주 깊구나."

그 후로 공자는 일곱 살 소년 항탁을 자신의 스승으로 모셨다.

배우고자 하는 의지가 성공을 부른다

누구나 지금보다 더 나은 내일을 꿈꾼다. 지금보다 더 깊고 바르고 옳은 사고를 지니길 원한다. 지금보다 괜찮은 조건에서 안정적인 생활을 꿈꾼다. 그러나 바람만으로 이룰 수 있는 건 하나도 없다. 원하는 것을 얻기 위해서 행동해야 하고 특히, 실력을 쌓아야 한다. 배워야 살 수 있고 발전할 수 있다. 아는 만큼 보이고 아는 만큼 생각하고 아는 만큼 이룰 수 있는 게 세상의 이치다. 그렇다면 배움 앞에서 어떤 태도를 지녀야 할지 알아보자.

1. 닮고 싶은 사람이 있다면 그 사람을 벤치마킹하라

배우고자 맘을 먹었지만 막상 시작하려니 무엇부터 해야 할지, 어떤 방향으로 가야 할지 막막할 때가 있다. 그때는 벤치마킹bench-marking'을 하는 게 좋다. 즉, 이미 성공한 사람이나 혹은 앞서 나가는 사람을 모델로 정해 그 사람의 행동과 생각을 체계적으로 모방하는 것이다.

벤치마킹의 대상을 정할 때는 주위 가까운 사람에서 찾는 게 좋다. 아무래도 자주 보고 만나야 배울 수 있는 기회가 더 주어지기 때문이다. 또한 여러 모로 성실한 사람인지, 존경할 만한 사람인지 꼼꼼히 검토할 필요가 있다.

일단 벤치마킹의 대상을 정했다면 마음의 문을 열어야 한다. 이왕 모방을 하기로 마음먹은 이상, 고정관념이나 편견을 거두고 그 사람의 모든 것을 다 받아들여 제대로 모방해야 한다. 그렇게 모방을 하다 보면 어느새 당신은 그 사람과 닮게 되고 어느 순간에는 그 사람보다 더 나은 삶을 살고 있는 자신을 발견하게 될 것이다.

2. 부끄러워하지 말고 얻을 게 있으면 배워라

어린이들은 하나같이 입에 물음표를 달고 산다.

"엄마, 하늘은 왜 파래?"

"저 꽃은 왜 고개를 숙이고 있어?"

"아빠는 왜 안경을 썼어?"

궁금한 게 있으면 망설이거나 주저하는 법이 없다. 서슴지 않고 바로 질문 공세를 퍼붓는다. 그런데 질문대장이었던 어린이도 어른이 되면 묻는 것을 주저하게 된다. 배우고자 하는 열의가 사라진 건 아닐진데, 왜 묻는 것을 망설이는 걸까. 그건 아마도 누군가에게 묻는다는 건 자신의 무지를 스스로 인정한다고 생각하기 때문일 것이다. 자존심이 상하는 일이라고 여기기 때문일 것이다.

그러나 모르는 게 창피한 게 아니다. 세상에 완벽한 사람은 없기 때문에 누구나 배워야 하고 또한 배움을 나눠야 하고 배움을 통해 삶의 가치를 높여야 한다.

'물으면 한때의 수치, 묻지 않으면 평생 수치'라는 말도 있듯 배우는 것을 늦추고 밀어내면 결국 자신만 손해다.

3. 계급장 떼어놓고 배워라

미국의 전자제품 회사인 GE제너럴 일렉트릭를 이끌었던 잭 웰치. 그는 거인병에 빠진 GE를 살려내기 위해 개혁의 깃발을 들었다. 구조조정 과정에서 그가 보여준 결단력과 카리스마는 가히 놀라울 정도였다. 결국 그는 GE의 구조조정을 극적으로 성공시켰다. 물론 구조조정 과정에서 부작용도 많았고 독선적이고 거칠다는 비판도 받았다. 그런 그가 배움 앞에서는 순한 양이 되었다.

그는 1990년대 경영 전략 중 하나로 e-Business를 삼았다. 그러나 임원이나 간부들 중 컴퓨터나 정보기술에 해박한 지식을 가진 이가 없었다. 그는 고민 끝에 다음과 같이 결정했다.

"모르면 배워야 합니다. 임원과 간부들은 오늘부터 컴퓨터나 디지털 제품에 익숙한 신입직원들에게 배우십시오."

그는 윗사람이 아랫사람에게 배우는 역逆멘토링을 실시했다.

이처럼 배움에는 위아래가 없다. 아는 사람이 위고 모르는 사람이 아래다. 모르면 배워야 한다. 상대가 아무리 아랫사람이라도 계급장 떼고 무릎 꿇고 배워야 한다.

나를
위로해줄 수 있는 일
하나쯤은 가져라

– 술이 좋다면 죽지 않을 만큼 마시는 것도 괜찮다

사람은 마음이 즐거우면
종일 걸어도 싫지 않으나
마음에 근심이 있으면
잠깐 걸어도 싫증이 난다.
인생행로도 이것과 마찬가지다.
언제나 명랑하고 유쾌한 마음으로
인생의 길을 걸어라.

– 셰익스피어

당신은 지금 어떤 일을 하고 있는가?

잠시 하는 일을 멈추고 가슴에 손을 얹어라. 심장을 느껴보라. 설렘으로 두근거리고 있는가? 아니면 깊은 한숨이 느껴지는가?

심장을 느껴봤다면 이제 눈을 감아라. 눈을 감고 지금 당신의 얼굴 표정을 떠올려보라. 입가에 개나리처럼 화사한 미소가 피었는가? 아니면 짜증과 불만으로 미간이 찌푸려져 있는가?

설렘으로 두근거리는 심장을 느꼈고 얼굴 표정이 밝은 자신을 발견했다면 분명 당신이 지금 하는 일에 만족하고 있다는 증거다. 그 일은 당신에게 있어 가슴 뛰게 하는 일이고 가치 있는 일임에 틀림없다. 그 행위를 하는 동안 더할 나위 없이 행복하고 또한 별 문제 없다.

그러나 반대의 상황이라면 어떨까? 지금 하는 일에 대해 설렘보다는 지겨움과 한숨이, 미소보다는 짜증과 불만의 감정이 앞선다면 그 일은 당신에게 맞지 않다고 볼 수 있다.

자신에게 맞지 않는 일, 자신에게 에너지를 주지 못하는 일, 그 일에 대해 어떠한 태도를 취해야 할까?

"그 일을 때려치우면 모든 게 한방에 해결되잖아"라고 말할지 모르지만, 뭐 그렇게만 할 수 있다면 정말로 아무 문제가 없다. 그러나 그 일이 먹고사는 문제와 직결된 직업이라면 얘기가 달라진다.

그동안 벌어놓은 돈이 많다면 훌훌 털어버리고 그 일에서 벗어나면 되지만 그게 아니라면 섣불리 행동할 수 없다. 때론 지겹고 힘들고 하기 싫은 일일지라도 그 일을 해야 한다. 그게 생활인의 어쩔 수 없는 현실이다.

자기가 좋아하는 일과 직업이 일치하는 경우는 드물다

지금 하는 일이 어렸을 때부터 꿈꾸던 직업이라면 얼마나 좋겠냐마는 사실 내가 좋아하는 일과 직업을 일치시키기란 쉬운 일이 아니다. 사람들 대부분이 자기가 좋아하는 일과 직업이 불일치인 채 살아가고 있다.

물론 일치되는 경우도 있다. 어릴 때부터 아나운서가 목표였던 사람이 지독하게 노력해서 진짜로 아나운서가 된다면 그 사람은 자기가 좋아하는 일과 직업을 일치시킨 셈이다. 그런 사람은 얼마나 행복할까. 적성에도 맞고 자신의 꿈도 이룬 것이기 때문에 일하는 것 자체가 즐거움이다. 당연히 의욕도 넘친다.

그러나 좋아하는 일과 직업이 일치되었다고 해서 그 행복감이 영원히 지속되는 건 아니다. 이상하게도 자기가 좋아하는 일이 직업으로 바뀌는 순간, 그 일에 대해 지겨움과 싫증이 따라붙게 된다. 자신의 신성한 꿈이 밥벌이 수단으로 전락했다는 상실감 때문이기도 하고, 아무리 좋아하는 일이라도 오래 지속되면 질리게 마련이다.

자기가 좋아하는 일과 직업을 일치시킨 사람도 이런 감정인데 하물며 자기가 원하는 일이 아닌 일을 직업으로 삼은 사람은 오죽하겠는가. 일하는 내내, 얼굴에서 웃음기를 찾아볼 수 없고 그저 기계처럼 움직인다. 일에 집중할 수도 없고 그저 시간 때우기에 급급하다. 물론 모든 직장인들이 다 이렇다는 건 아니다. 그렇지만 이런 마음이 없는 것도 아니다.

그렇다면 우리는 어떻게 해야 할까? 직업을 바꿀 수 없다면 다른 방법을 찾아야 한다. 자기를 위로해줄 수 있는 또 다른 일을 만들어야 한다.

좋아하는 일 하나쯤은 하고 살자

먹고사는 게 중요하긴 하다. 그렇지만 하루 종일 일에 파묻히고 사람들에게 시달린다면 사람이 어떻게 되겠는가. 무거운 피로와 스트레스로 몸과 마음이 만신창이가 될 것이다. 그것처럼 힘든 고행이 또 어디 있겠는가.

아무리 인간이 일하는 동물이긴 하지만 호모루덴스Homo Ludens, 즉 유희적인 인간이기도 하다. 따라서 슬기롭게 잘 노는 것, 자신을 위로하고 자신에게 행복을 주는 일 하나쯤은 필요하다.

그렇다면 자기를 위로하고 자기에게 에너지를 주는 일을 어떻게 찾아야 할까. 다음의 세 가지를 참고하면 더 좋은 선택을 할 수 있을 것이다.

첫째, 마음 깊은 곳에 숨겨진 꿈을 꺼내라

어린 시절을 생각해보라. 갖고 싶은 장난감이 있는데 그것을 가질 수 없다면 어떻게 되는가? 엄마가 아무리 맛있는 음식을 해줘도, 삼촌이 귀여워해줘도, 아빠가 머리를 쓰다듬어줘도 그리 즐겁지 않다. 그렇게 맛있던 밥도 싫고 간식도 싫어진다. 갖고 싶은 걸 갖지 못했기 때문이다. 그러다가 장난감을 손에 쥐게 되면 기분이 날아갈 것처럼 좋다.

어린이만 그럴까? 그렇지 않다. 어른도 마찬가지다.

갖고 싶은 것을 갖지 못하면, 하고 싶은 일을 하지 못하면, 내내 시무룩하고 모든 일에 의욕이 없다. 그런 날이 지속되는 건 스스로에게 마이너스다. 그러니 지금 당장 가슴 깊은 곳에 꼭꼭 숨겨두었던 그 꿈을 맘껏 펼쳐라.

꿈이 뭔지 기억조차 없다면 이렇게 해보자. 일주일 후에 당신이 죽는다는 가정 하에 그동안 하고 싶은 것이 뭔지 생각해보면 된다. 그게 바로 꿈이고 해보고 싶은 것이다. 그것을 하면서 살아라. 그것을 해야만 한다. 그래야 지치고 힘든 인생의 여정을 견딜 수 있다.

둘째, 하면 할수록 재미있는 것을 하라

지친 몸과 마음을 달래기 위한 일이기 때문에 일단 재미있어야 한다. 이 일 역시 하면서 스트레스를 받는다면 무의미하다. 게임을 좋아하는 사람은 밤새도록 해도 피곤한 줄 모른다. 일로 인한 스트레스를 푸는 방법이 술밖에 없다면 죽지 않을 만큼 마셔라. 만화가 좋다면 산만큼 쌓아놓고 눈이 빠지도록 봐라.

자기가 좋아하는 것, 자기에게 위로가 되는 것, 그것을 찾아서 거침없이 하라. 재미있는 일을 즐길 줄 모른다면 결국 병이 나고 살맛조차 나지 않는다. 지치고 힘겨운 일상을 벗어날 수 있는 돌파구 하나쯤은 갖는 게 좋다.

셋째, 가치 있고 의미 있는 일을 하라

꿈을 위한 일도 좋고 재미있는 일도 좋다. 그런데 거기에 가치와 의미를 부여한다면 그것처럼 아름다운 일도 없다. 나보다는 남을 위한 삶을 살아보라. 처음에는 어색하고 힘들지만 그것은 남을 위한 일이 아니라 결국 나 자신을 위한 일임을 깨닫게 된다. 한번뿐인 인생, 가치 있는 일에 인생을 거는 것도 나쁘지 않다.

05 나를 가장 괴롭히는 사람이 바로 나 자신임을 알아라

– 지금으로도 충분히 멋진데 도대체 뭐가 문제인가?

개개인이 지니고 있는 자신의 생명에 대한 권리를
존중할 준비가 되어 있지 않다면,
모든 사람들이 남을 위한 목표가 아니라
자신의 내면에 목표를 지니고 있음을 이해하지 않는다면,
우리는 우리 자신의 존재나 인류의 행복에
도움이 되는 생각을 할 수 없다.

– 나디니엘 브랜드

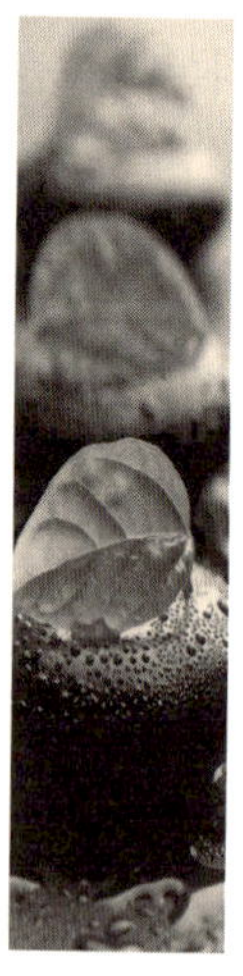

인터넷상에 '거울 앞에서의 남녀 차이'라는 제목의 사진 두 장이 올라왔다. 그 사진은 네티즌들의 공감을 이끌어냈다.

그 사진을 대략적으로 설명하면 다음과 같다.

거울 앞에 한 여자가 서 있다. 여자의 표정이 우울하다. 그 이유는 거울 안에 있는 뚱뚱한 자기 자신을 보았기 때문이다. 그런데 희한하게도 거울 밖에 있는 여자는 실제로 무척 말랐다. 즉, 여자는 무척 말랐음에도 거울만 보면 자신이 뚱뚱하다고 느끼는 것이다.

이번에는 반대의 경우다. 거울 앞에 한 남자가 서 있다. 남자의 표정이 꽤 유쾌하다. 그 이유는 거울 안에 있는, 배에 초콜릿 복근이 새겨진 근육질 몸매를 가진 자기 자신을 보았기 때문이다. 그런데 실제로 남자는 약골이었다.

이 두 사진에서 알 수 있듯 여자들은 자신이 덜 예쁘고 더 뚱뚱하다고 생각하는 반면, 남자들은 반대로 못났음에도 '이 정도면 괜찮지'라고 생각한다. 물론 모든 여자가, 모든 남자가 다 그렇게 생각하는 건 아닐 것이다. 그러나 여기서 짚고 넘어갈 것은 의외로 많은 사람들이 거울 앞에 서 있는 여자처럼 자기 자신이 못났다고 생각하며 자기 비하를 한다는 사실이다.

거울 앞에 선 당신은 어떠한가? 못난 구석이 없음에도 스스로 못났다며 자기 비하를 하는 스타일인가, 아니면 비록 조금 부족하더라도 스스로에게 만족하는 스타일인가.

자기 비하는 자신을 관에 가두는 것과 같다

자아도취에 빠진 사람도 그리 바람직하진 않다. 주제도 모르면서 지나치게 잘난 척하는 사람을 누가 좋아하겠는가. 그러나 자기 비하보다는 자아도취가 그나마 나은 편이다. 자아도취는 자신에 대한 애정이 과해서 그렇지 일단 자신에 대한 애정은 갖고 있는 셈이다. 그러나 자기 비하는 그렇지 않다. 자기 비하에 빠진 사람은 자신의 가치와 능력과 가능성을 부정하고 자기 자신을 사랑하기는커녕 미워하고 학대한다.

'도대체 왜 이렇게 생긴 거야? 나 같은 건 없어져야 돼!'

'팀장이 과연 나를 인정해주기나 할까?'

'왜 이 일을 나한테 안 맡기고 저 사람에게 맡긴 걸까?'

'열심히 해봤자 뭣해. 어차피 인정도 안 해줄 건데.'

'결국 난 도태될 거야. 이럴바에는 괜히 힘 뺄 필요 없지. 대충하지 뭐.'

자기 비하에 빠진 사람들은 자기 자신에 대한 확신이나 믿음이 없다. 타인의 눈치를 보기에 급급하고 타인의 평가에 무척 민감하다. 어떻게 하면 다른 사람들을 기쁘게 할까 궁리하게 되고 그럴 때마다

50

다른 사람들의 가치관에 자신의 생각이나 행동을 맞추게 된다. 그러다 보니 자신의 능력이나 가능성을 스스로 제약시키고 만다. 당연히 엄청난 스트레스도 뒤따른다.

자기 비하를 일삼는 사람의 또 다른 특징은 자기보다 더 잘난 사람과의 비교다.

'나보다 늦게 들어왔는데 나를 앞지르다니……. 이게 뭐야.'

'옆집은 최신형 고급차인데 난 구닥다리 차나 타고 다니다니.'

'친구 녀석들은 넓은 거실이 있는 집에서 산다는데 지금까지 내 집도 없고 내 꼴이 뭐람.'

하나에서 열까지 모든 것을 남들과 비교하며 자기 결점을 자꾸 들춰낸다. 그러면 자신감은 상실되고 의기소침해진다. 결국 자기만 더 힘들어지고 마음의 병만 깊어진다.

자기 비하가 얼마나 어리석고 위험한 일인가에 대해 미국 펜실베이니아주립대학교 제이슨 호울 박사 팀이 실험한 바가 있다.

남녀에게 체중과 몸 상태를 물었다. 남녀 모두 체중에 신경을 쓰고 있고 그로 인해 스트레스를 받는다고 답했다. 그런데 여기서 알아낸 주목해야 할 사실은 실제로는 뚱뚱하지 않은데 자신이 뚱뚱하다고 생각하는 사람들이 많다는 것이다. 문제는 뚱뚱하지 않음에도 자신이 뚱뚱하다고 생각하는 사람이다. 그들은 실제로 뚱뚱한 비만인보다 우울증 위험이 더 높다는 연구결과가 나왔다. 이처럼 자기 비하는 인생에 있어 백해무익하고 자신을 관 속에 가두는 행위나 다름없다.

당신은 당신이 생각하는 것보다 훨씬 더 잘났다

자기 비하의 늪에 빠져 있다면 하루 빨리 그곳을 벗어나는 게 좋다. 회색 구름이 걷히면 밝은 태양이 눈앞을 비출 텐데 왜 자꾸 회색 구름 뒤에서 허우적거리며 인생을 낭비하는가. 당신은 당신이 생각하는 것보다 훨씬 잘났고 멋지다.

1. 받아들이는 게 첫 시작이다

얼굴과 몸 전신이 다 보이는 거울 앞에 서라. 그리고 거울 속 자신을 바라보라.

맘에 드는 구석도 있고 얼굴을 찌푸릴 정도로 쳐다보기 싫은 구석도 있을 것이다. 어쩌면 혐오스럽게 느껴져 고개를 돌리고 싶을 정도인지도 모르겠다. 그렇다 하더라도 꼭 참고 한 5분 정도 계속해서 거울 속 자신을 바라보라.

보이는 저 모습이 자신의 참모습이다. 인정할 것은 인정해야 한다. 부정한다고 해서 내가 나를 벗어날 순 없다.

이렇게 말해보라.

'나는 너를 받아들였어. 어떤 단점을 갖고 있든 분명 나는 나야.'

자기 자신을 있는 그대로 받아들이는 그 시점이 더 나은 방향으로 나아갈 수 있는 변화의 출발점이며 행복한 삶의 첫 번째 전제조건임을 알아야 한다.

2. 타인이 아니라 내가 중심이 되어야 한다

남들에 비해 내가 가진 것, 내가 잘 할 수 있는 일에 대해 관심을 가져라. 내가 갖지 못한 것, 할 수 없는 일에 마음을 뺏기면 일상은 우울해지고 삶의 의욕은 떨어진다.

내가 가진 것, 내가 할 수 있는 일만으로도 인생은 충분히 아름답다. 그것만으로도 삶을 긍정적인 방향으로 진행시킬 수 있다. 내가 남들과 다르다는 것이 내가 존재하는 이유가 된다. 그 다름에 가치가 있는 것이다.

심리치료사인 롤프 메르콜레는 이렇게 말했다.

"사과는 사과고, 배는 배지, 이 두 과일을 서로 비교한다는 것 자체가 우습기만 한 일이다. 나는 배보다 사과를 더 좋아한다거나, 배보다 사과가 훨씬 맛있다는 정도로 얘기할 수는 있다. 그렇다고 해서 배가 사과보다 열등한 과일인가?"

다 각자의 몫이 있고 색깔이 있고 가치가 있다. 그러니 타인의 시선이나 평가에 너무 연연할 필요 없다. 내 신념, 내 사상, 내 주장에 보다 더 관심을 갖는 자기 믿음이 필요하다.

3. 지금 살아 있는 것만으로도 충분히 대단하다

당신은 당신이 생각하는 것보다 훨씬 더 잘났다. 치열한 경쟁 사회에서 죽지 않고 이렇게 살아남았다는 것만으로도, 복잡한 인간관계의 거미줄에서 꿋꿋하게 버티는 것만으로도, 그리고 이 세상을 구성하는 한 사람이라는 사실만으로도 당신은 충분히 훌륭하고 아름답다. 미국의 에이든 토저 목사는 이렇게 말했다.

"많은 사람들이 자기의 가치를 과소평가해야 한다는 유혹에 시달립니다. 물론 나는 참된 겸손을 반대하지 않습니다. 다만 나는 이렇게 말하고 싶을 뿐입니다. 당신이 스스로를 낮추고 싶다면 얼마든지 그렇게 하십시오. 그러나 신께서 당신을 위해 그분 자신을 희생하실 정도로 당신을 소중히 여기셨다는 사실을 기억하십시오."

남들 앞에서 절대로 굽실댈 필요도, 자신의 못난 구석만 찾아내 자신을 괴롭힐 필요도 없다. 존재한다는 것만으로도 당신은 이미 충분하다.

06 가장 잘할 수 있는
그 비밀의 열쇠를
찾아내라

- 말더듬이로 평생 살 테니까 대신 무얼 줄 수 있나?

우리는 자신에게 갖춰진 것은
전혀 고려하지 않고
항상 부족한 것에 대해서만
생각하는 경향이 있다.
이처럼 비능률적이고 어리석은 일은 없다.

– 쇼펜하우어

　'남의 손의 떡이 더 커 보인다'는 말처럼 사람들은 남들이 가진 것에 비해 내 것은 작고 부족하다고 생각한다. 나보다 적게 가진 사람들과 비교한다면 위로가 되고 현 상황에 대해 만족을 하겠지만 인간의 본성이 그런가. 늘 위만 바라본다.

　나보다 많이 갖고 잘난 사람과 비교를 한다. 그래서 얻는 건 무엇일까? 경쟁심을 자극해 성과를 이룰 수도 있지만 그런 득보다는 실이 훨씬 많다. 일단 상대적 박탈감을 느끼게 된다.

　"왜 나는 이 모양 이 꼴일까?"

　"왜 나는 가진 것이 없을까?"

　이런 푸념들이 계속 이어지면 좋을 게 하나 없다. 자신이 갖고 있는 것도 나름 괜찮은데 그 가치조차도 깨닫지 못하고 스스로를 별 볼 일 없는 사람, 능력이 없는 사람으로 저평가하는 상황까지 이르게 된다.

단점에 대한 지나친 관심과 애정, 이제는 멈추어야 할 때

남들과의 비교가 자기 스스로를 저평가하는 요인이기도 하지만 다른 요인이 또 있다. 바로 자신의 장점을 발견하지 못하고 단점에만 집중하는 버릇이다.

누구나 장점과 단점을 동시에 갖고 있다. 그런데 긍정적인 사람은 장점을 크게 보지만 부정적인 사람은 단점을 더 크게 본다.

"남들에게는 특별한 재능이 있는데 왜 나는 없는 걸까."

이것은 사실이 아니다. 다만 자신의 장점을 찾는 데 게을렀을 뿐이다. 단점에 신경을 쓴 나머지 상대적으로 장점에 별 관심을 두지 않은 탓이다.

실제로 사람들은 자신의 단점을 발견했을 때 그것을 보완하려고 애를 쓴다. 그러한 과정 속에서 단점을 보완할 방법을 찾는다면 참 다행이지만, 찾지 못한다면 그로 인한 에너지 손실은 물론이고 해내지 못했다는 상실감마저 들어 지쳐버린다.

여기서 잠시 생각의 전환이 필요하다.

해결책으로 왜 단점을 보완할 생각만 하는가. 단점을 없애고 보다 완벽한 모습으로 탈바꿈하면 좋겠지만 그러지 못한다 해도 어쩔 수 없는 노릇이다.

프랑스의 철학자 데카르트는 "사람이 지배하는 것은 세상도 타인도 아니라 자기 자신의 사상뿐이다. 최선을 다해도 그밖의 것을 바꿀 수 없다는 사실을 안다면 손에 미치지 않는 것을 얻으려는 욕구는 갖지 않는다"라고 했다.

바꿀 수 없는 일이라면 빨리 단념하고 그대로를 인정하고 받아들이는 게 좋다. 그러니 바뀌지 않는 단점에 대해 에너지를 쏟는 것보다는 차라리 장점에 더 집중하는 게 현명한 방법일 게다.

다시 말해서, 문제의 해결책을 단점에서 찾을 게 아니라 장점에서 찾는 거다. 수십 개의 단점이나 불리한 조건을 갖고 있다고 해서 괴로워하지 말고 그것들을 능히 이길 만한 똘똘한 장점 하나를 찾아라. 그 장점을 강화시키면 그 많던 단점들은 눈 녹듯 스르르 자취를 감춘다.

자신의 부족한 부분에만 사로잡히기보다 현재 자신이 가진 좋은 부분을 살리는 쪽으로 생각하는 게 보다 생산적이고 밝게 살아가는 길이다.

나에겐 저것이 없지만 나에겐 그것이 있다

위대한 업적을 남겼거나 큰 성공을 이룬 사람들은 자신의 핸디캡에 별로 신경 쓰지 않는다. 물론 아예 처음부터 신경 쓰지 않았다는 얘기가 아니다. 불리한 조건이나 장애를 가졌는데 어찌 맘이 편하겠는가. 세상에 대한 원망도 해보고 깊은 절망감에 빠져 방황의 시간도 보냈을 거다.

그런데 그들은 별 소득도 없는 한탄이나 원망으로 마냥 시간을 보내지는 않았다. 핸디캡을 인정하고 대신 자신의 장점이나 남들에게 없고 자신에게는 많은 재능을 발견하는 데 더 많은 시간을 할애했다. 그들은 일종의 '보상 기대심리'를 믿었다. 단점이 있으면 그것을 보상해줄 만한 다른 장점이 분명 존재할 거라 생각했다.

프랭클린 루스벨트, 헬렌 켈러, 에디슨, 정주영 등의 위인들 모두 인생 초기에는 불우하고 처참했다. 그들의 삶은 가난, 파산, 맹인, 귀머거리, 실패 등으로 얼룩졌지만 그들은 그에 상응하는 대가가 있을 거라는 믿음을 버리지 않았다.

실제로 그 믿음은 그들로 하여금 자신에게 있어 가장 잘할 수 있는 것이 무언지를 발견하게 하였다. 거기에 집중한 결과, 그들은 인생 중·후반기에 위대한 업적을 남길 수 있었다. 핸디캡이 그들의 인생을 가로막은 게 아니라 오히려 더 큰 인생을 살게 한 것이다.

『달과 6펜스』로 유명한 영국의 작가 윌리엄 서머싯 몸도 그랬다.

그는 유년기부터 심한 말더듬이였다. 발음도 좋지 않아 친구를 제대로 사귀지 못했고 교사에게도 멸시를 당했다. 그런데 이런 핸디캡이 오히려 훗날, 문학을 하는 데 긍정적인 영향을 끼쳤다. 고독한 세계에 들어앉아 세상을 보다 냉철하게 혹은 냉정하게 보면서 자기만의 독특한 문학관을 완성시킨 것이다.

그는 86세 때 자신의 지난날을 회상하며 말했다.

"내가 유명한 작가가 될 수 있었던 건 무엇보다도 말더듬이였기 때문이다. 만약 내가 말을 더듬지 않았다면, 대학을 졸업한 후 평범한 인생을 살아갔을 것이다. 말더듬이였기 때문에 다른 인생을 보상받은 것이다."

설령 당신이 불리한 조건이나 장애를 가지고 있다고 해도 노여워하거나 상심하지 마라. 하늘의 별들 아래에 있는 당신은 세상의 그 누구도 할 수 없는, 당신만이 할 수 있는 일을 갖고 있다. 그것이 무엇인지 발견하라. 발견하기란 의외로 쉽다. 당신이 가장 좋아하는 것, 당신이 하고 싶은 것, 당신의 가슴을 뛰게 하는 것. 그게 바로 그것이다. 그것이 당신을 밤하늘의 별보다 더 빛나게 할 것이다.

07 제대로 된 실력이 가장 힘이 세다는 걸 알아라

무엇이든 이룰 수 있게 해주는
요술방망이가 당신에게도 있다.
그건 바로 '땀'과 '수고'이다.

– 캐롤라인 아담스 밀러

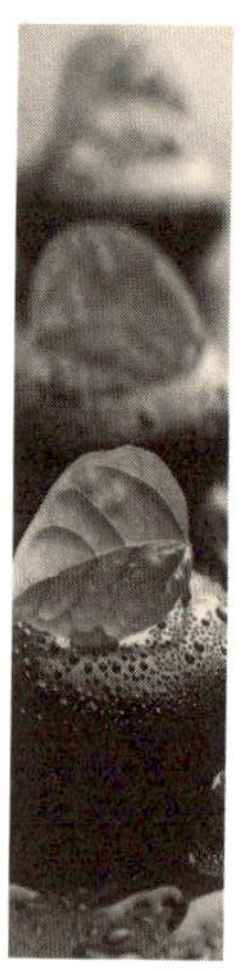

경제경영 전문가인 공병호 박사는 자신의 저서 『서른셋 태봉씨 출세를 향해 뛰다』에서 성공을 위해 갖춰야 할 요소를 제시했는데 가장 먼저 '실력'을 뽑았다. 그러나 실력을 쌓는 것만으로는 부족하다고 했다. 실력 외에 그 무엇, 일곱 가지 알파 α 가 있어야 함을 강조했다. 그 일곱 가지 알파를 소개하면 다음과 같다.

알파 ❶ : '한여름 소낙비 퍼붓듯' 일에 헌신한다.

알파 ❷ : 주인처럼 일하면 기회가 온다.

알파 ❸ : 지나치게 계산적인 사람으로 보이지 마라.

알파 ❹ : 상사를 칭찬하고 격려한다.

알파 ❺ : 상사에게 놀랄 만한 감동을 주어라.

알파 ❻ : 성급하게 굴지 말고 상황에 맞춰 행동하라.

알파 ❼ : 공감 능력을 키워라.

공병호 박사가 제시한 실력 외의 것, 즉 알파의 개념을 다른 언어로 표현한 사람이 있다. 서던캘리포니아대학교 경영학 교수인 캐서린 K. 리어돈은 알파를 '정치력'이라고 표현했다.

"정치력이란 자신의 아이디어에 대한 사람들의 인식을 효과적으로 관리하고, 적을 내 편으로 끌어들이고, 최종 결과에 영향력을 행사하고, 사람들이 귀를 기울여 들을 수 있도록 아이디어를 효과적으로 제시하는 능력을 포함한다. 따라서 정치력을 발휘하기 위해서는 고도로 복잡한 일련의 기술들이 필요하다."

그러고 보면 학창시절과 사회생활의 1등은 분명 다르다. 학교 다닐 때 1등을 하려면 앞뒤 볼 것 없이 그저 열심히 공부만 하면 된다. 남들에 비해 뛰어난 실력만 갖추면 성적 1등이 가능했다. 그러나 사회생활에서 최고의 자리에 오르거나 성공을 거두기 위해서는 변수가 많고 평가기준이 다르기 때문에 그저 실력만으로는 가능한 일이 아닌 게 분명하다.

성공에 조급해지면
실력 대신 알파에만 더 신경 쓰게 된다

"그 친구는 벌써 연봉이 억을 향해 달려가는데……."
"내 후배는 팀장을 달았는데 지금 나는 뭐하는 건지."
"김과장은 아파트가 두 채나 되는데 나는 아직도 단칸방에서 살고……."

경쟁자가 먼저 성공의 발판을 마련했거나 높은 자리에 올라가는 상황이 발생하면 '여태 나는 뭘 했나' 싶은 생각에 마음이 조급해져 자꾸 요행수를 바라거나 쉽게 문제를 해결할 방법으로만 눈이 쏠린다. 즉, 실력보다는 알파나 정치력에 많은 시간과 노력을 투자하게 된다. 그리고 실력이 부족함에도 알파나 정치력이 부족해 낙오됐다고 변명하기도 한다.

한마디로 실력보다 알파나 정치력이 더 중요시되는 주객이 전도되는 상황이 되고 만다. 그러나 잊지 말아야 할 것은 실력이 없는 알파나 정치력은 오래가지 못한다는 거다. 물론 알파나 정치력을 갖추는 게 중요하고 반드시 필요한 요소이긴 하나, 실력도 쌓지 않고 그것들만 내세워 성공을 향해 달린다면 그건 언제 무너질지 모르는 모래 위의 성과 다를 바 없다.

나에게 기회가 오지 않고, 나의 능력이나 재능이 제대로 어필되지 않는다고 남을 탓하거나 상황을 탓하기보다는 내 실력이 부족한 건 아닌지 스스로의 상태를 점검해야 한다. 또한 조급해하며 준비도 되지 않은 상태에서 무턱대고 들이대기보다는, 조금은 시간이 걸리더라도 제대로 된 실력을 쌓아 덤비는 게 어쩌면 더 빠르고 오래 살아남는 길일 수도 있다.

철학자 피히테는 어떻게 칸트의 제자가 되었는가

1806년 나폴레옹이 독일을 침공했을 때, 프랑스 점령군들에게 둘러싸인 가운데 한 남자가 베를린 학사원에서 '독일 국민에게 고함'

이라는 연설을 했다.

"정상에 오르기 위해 혹은 강과 바다를 건너기 위해 험난한 계곡과 사나운 물살을 지나는 것은 당연한 이치가 아닌가? 그런데 정상을 꿈꾸면서, 그리고 인생에 있어서 성공을 기대하면서 어찌 험한 산과 물을 두려워하는가?"

이 남자가 바로 독일의 철학자 칸트의 제자 피히테다.

그렇다면 피히테는 어떻게 칸트의 제자가 될 수 있었을까? 피히테가 칸트의 제자가 되는 과정 속에서 우리는 성공의 비밀 하나를 배울 수 있다.

철학에 관심이 많았던 피히테는 당대 최고의 철학자인 칸트를 존경했다. 칸트와 함께 사유를 공유하고 연구하는 게 당연히 그의 소원이었다. 그래서 피히테는 무작정 칸트를 찾아갔다.

"선생님의 제자가 되고 싶습니다. 저에게 가르침을 주십시오."

피히테를 위아래를 훑어보던 칸트는 냉정하게 거절했다.

"돌아가시오."

집으로 가는 길, 피히테는 자신이 왜 칸트로부터 거부를 당했는지 곰곰이 생각했다. 무례한 면도 있긴 했지만 그것보다는 특별한 노력도 기울이지 않고 바라기만 했다는 것을 깨달았다.

그 후, 피히테는 학문에 몰두하기 시작했다. 실력을 충분히 갖춘다면야 칸트도 더 이상 자신을 거부하지 못할 거라 생각했다. 불면의 밤을 보내며 피히테는 마침내 〈모든 계시의 비판 시도〉라는 논문을 완성했다. 그리고 논문을 칸트에게 보였다. 피히테의 논문을 검토한 칸트는 감탄을 금치 못했다. 너무나도 뛰어났기 때문이다. 그렇게 해서 피히테는 칸트의 제자가 될 수 있었다.

　이처럼 실력을 갖추면 자연스럽게 기회가 오고 어떤 상황이든 빛이 나게 마련이다.

Chapter *2*

매일, 매주, 매월, 매년.
똑같은 일만 되풀이한다.
같은 시각에 출근하고
같은 시간에 점심을 먹고
같은 시각에 퇴근한다.
그것이 20세부터 60세까지 계속된다.
그동안에 대서특필해야 할 사건은
네 개밖에 없다.
결혼, 첫아이의 출생,
부모의 죽음, 승진이 그것이다.
아아, 우리네 인생이여.
— 윌콕스

습관이 나를
관리하기 전에
내가 습관을
관리해야 한다

08 생각이
날개를 달고 달아나기 전에
올가미로 잡아둬라

– 신문에 나온 야구 통계는 성에 차지 않아!

느닷없이 떠오르는 생각이
가장 귀중한 것이며
보관해야 할 가치가 있는 것이다.
메모하는 습관을 갖자.

– 베이컨

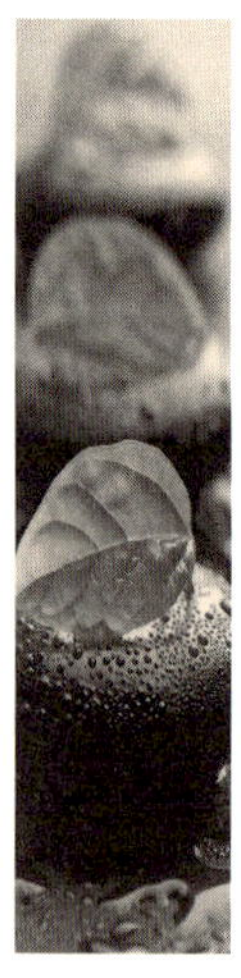

A라는 사람의 눈앞에 전혀 생각지도 못한 인물이 나타났다.

삼성그룹 창업자인 이병철 회장이 나타난 것이다. 이회장이 손을 내밀며 A에게 악수를 청했다. A는 두려움도 있었지만 그 손을 거부할 수 없었다. A는 이회장의 손을 살포시 쥔 후 조심스럽게 흔들었다. 이회장은 미소를 보이며 다정하게 A에게 말했다.

"안녕하세요. 저는 이병철입니다. 만나게 돼서 반갑습니다."

"예. 저도 반갑습니다. 그런데 어떻게……."

"저에게 한 가지의 질문을 할 기회를 드리고자 합니다. 저에게 질문을 하면 그 질문에 대해 답변을 드리겠습니다."

A의 머릿속에 질문 하나가 떠올랐다. 아마도 대부분의 사람들이 똑같은 질문을 떠올렸을 것이다.

"회장님, 어떻게 하면 성공할 수 있을까요? 성공 비법 좀 알려주세요."

이회장은 정지화면처럼 멈추더니 잠시 후, 오른손을 윗옷 안주머니에 넣었다. 그리고 무언가를 꺼냈다. 낡은 수첩이었다.

"아마 성공 비법은 사람들마다 각각 다를 겁니다. 수십, 수백 개의 비법이 있을 수도 있죠. 그렇지만 저는 바로 이 수첩이 내 성공 비법이라고 자부할 수 있습니다."

"회장님, 그 수첩이 뭐죠?"

“예. 메모수첩입니다.”

실제로 이병철 회장은 메모광이었다. 그는 매일 아침 눈을 뜨면 수첩을 펼쳐봤다. 그 수첩에는 오늘 가장 먼저 해야 할 일과 전화를 하거나 방문할 사람이 적혀 있었다. 그리고 평소에 책에서 읽은 감동적인 글귀도 적혀 있었다. 그리고 문득 길을 걷다가 떠오르는 아이디어가 있으면 바로 그 수첩에 적기도 했다.

겨우 메모하는 것을 성공의 비법이라고까지 할 게 있나, 하고 콧방귀를 끼는 사람도 있을지 모른다. 그러나 그렇지 않다. 성공한 사람들을 유심히 살펴보라. 그들의 호주머니 안에는 껌이나 동전이 아니라 바로 메모수첩이 들어 있다.

메모광들이 세상을 움직인다

‘지구상에서 최고의 부자는 누구일까?’라는 질문에 사람들은 대부분 마이크로소프트의 설립자 빌 게이츠를 떠올릴 것이다. 그러나 몇 해 전부터는 부자 순위에 변동이 생겼다.

빌 게이츠를 제치고 멕시코 통신재벌 카를로스 슬림이 세계 최고의 부자 순위 1등에 오른 것이다. 미국의 경제 격주간지 ‘포브스’의 발표에 따르면 그의 재산은 한화로 무려 77조 4천억 원에 이른다.

그런데 여기서 주목할 게 있다. 그 역시 메모광이라는 사실이다.

얼마나 메모에 미쳤는지 단적으로 보여주는 사례가 있다.

2007년 '유에스 투데이'라는 신문사에서 그에게 연락이 왔다.

"슬림 회장님, 부탁 드릴 게 있습니다."

"뭐죠?"

"저희 신문사에서 회장님에 대한 특집 기사를 싣고자 합니다. 그래서 말인데 인터뷰에 응해주실 수 있습니까?"

슬림은 잠시 머뭇거리더니 아주 흥미로운 제안을 했다.

"인터뷰에 응하는 대신 제가 정리한 야구 통계 기록을 신문에 소개해주십시오."

"그게 무슨 말씀입니까?"

"제가 프로야구 광팬입니다. 그래서 야구에 관한 기록을 빠짐없이 메모해서 통계를 냈습니다. 자부하건데, 그 통계 자료는 전문가 이상일 겁니다. 이 자료를 제공해도 되겠죠?"

슬림은 신문사에서 제공하는 야구 통계가 성에 차지 않았던 것이다. 그만큼 그는 기록하는 것을 좋아했다. 그의 메모 습관은 사업에서도 빛을 발했다. 자신이 경영하는 사업체와 계열사의 현황과 전망 그리고 아이디어뿐만 아니라 사업투자계획까지 모두 다 그의 수첩에서부터 시작되었다. 메모 습관이 그를 세계 최고의 부자로 만들었다고 해도 과언이 아닌 것이다.

문지방을 넘으려면 반드시 메모수첩을 챙겨라

왜 메모를 해야 하는가에 대해선 분명한 이유가 있다.

인간은 망각의 동물이기 때문이다. 아무리 머리가 좋은 사람이라도 일상 속에서 살아가다 보면 해야 할 일을 깜박 잊어버리는 경우가 있다. 또한 순간 떠오르는 굿 아이디어도 메모로 잡아두지 않으면 바람과 함께 사라지고 만다.

심리학교수 가브리엘 라드반스키 박사는 인간의 기억력을 '문지방 효과'라는 이론으로 설명하고 있다.

다른 곳에서 이뤄진 마음의 결정이나 생각이 막상 잘 생각나지 않는 것은 이전까지의 기억이 두뇌 한구석에 이미 깊숙이 저장되기 때문이다. 즉, 문지방을 넘어 다른 공간에 들어서는 순간, 처음에 내린 마음의 결정과 생각이 쉽게 기억나지 않는다. 이것이 문지방 효과의 핵심이다.

그렇다면 처음의 결정과 생각을 복원하는 방법은 없을까? 가브리엘 라드반스키 박사는 이렇게 말했다.

"잊지 않을 수 있는 한 가지 방법은 메모를 해두는 것입니다."

적는 자만이 생존할 수 있다

지금 당신은 메모수첩을 갖고 있는가.

만약 갖고 있지 않다면 당신은 성공한 사람이 아니다. 또한 성공을 바라서도 안 된다. 메모수첩 없이는 성공할 수 없다.

적자생존이라는 말이 있다. 환경에 가장 잘 적응하는 생물이나 집단이 살아남는다는 사전적 의미가 아니라 적는 자만이 생존할 수 있다는 얘기다.

지금 당장 메모수첩을 구비하라. 세상을 바꾸고 운명을 바꿀 만한 기회를 붙들어라. 자신이 적어놓은 메모를 보면서 해야 할 일을 다시 점검하고 새로운 각오를 다져라. 그러면 머지않아 메모의 기적을 확인할 수 있을 것이다.

09 작은 것 하나에 인생이 걸려 있다는 걸 잊지 마라

– 0+1은 1이 아니라 100이라면 믿겠습니까?

햇빛이 아주 작은 구멍을 통해서도
보여질 수 있듯이
사소한 일이
사람의 인격을 설명해줄 것이다.

– 스마일스

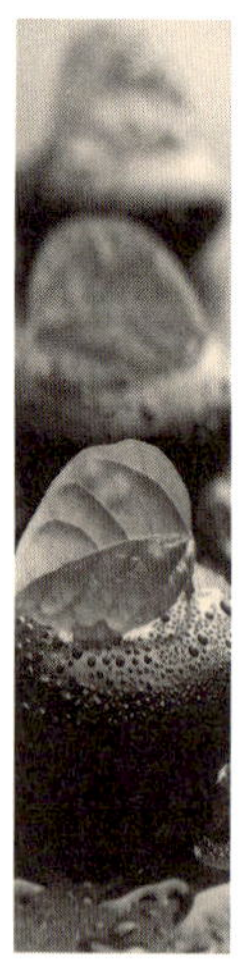

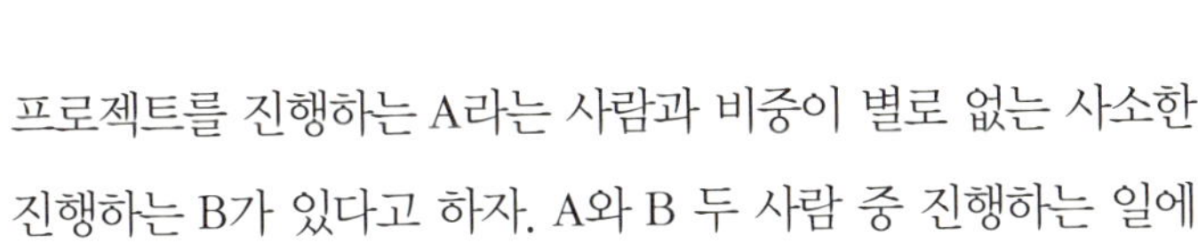

큰 프로젝트를 진행하는 A라는 사람과 비중이 별로 없는 사소한 일을 진행하는 B가 있다고 하자. A와 B 두 사람 중 진행하는 일에 있어 누가 더 실수를 저지를 확률이 높겠는가?

물론 A와 B에 대해 정확한 정보, 이를테면 일에 대한 능력이나 개인의 성격 등에 대해 아는 바가 있다면 판단에 도움이 되겠지만 일단 아는 바가 없다고 하자. 그러니 능력이나 성격이 아닌 일의 크기로만 판단해야 한다. 즉, A는 큰 프로젝트를 진행하고 있고 B는 작고 사소한 일을 진행하고 있다.

다시 한 번 묻겠다. A와 B 두 사람 중 일에 있어서 누가 더 실수를 저지를 확률이 높겠는가?

정답은 B이다. 그 이유는 다음과 같다.

큰 프로젝트는 중요도가 높기 때문에 철저한 준비 작업을 하게 돼 실수를 줄일 수 있다. 또한 그 볼륨에 걸맞게 많은 인원들을 투입하다 보면 아무래도 보는 눈이 많기 때문에 다시 한 번 실수를 걸러낼 수 있다. 그리고 큰 프로젝트라 그 일을 대하는 사람들의 마음가짐도 남다르다. 자긍심도 크고 책임감도 있기에 일 하나하나를 신중하고 꼼꼼하게 처리한다. 당연히 실수를 또 줄일 수 있다.

하지만 하찮고 사소한 일은 준비 작업도 없이 대부분 무작정 달려들기 십상이다. 또한 대수롭지 않은 일이라 여겨 대충대충 넘기는 경우가 많다. 그러다 보면 작은 일이지만 오히려 더 많은 실수를 저지르고 만다.

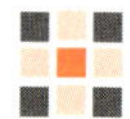

성공과 실패를 결정짓는 건 태도의 차이

작은 일이란 없다. 성공의 길을 걷고자 한다면 그 길목을 장악하고 있는 작고 사소한 일에 충실해야 한다. 작은 일이라고 대수롭지 않게 생각하고 소홀히 행한 자가 과연 큰일이 주어진다고 해서 잘해 낼 수 있을까? 그렇지 않다. 제 버릇 개 줄까,라고 하지 않았는가. 작은 일을 제대로 못하는 자는 큰일 역시 잘할 수 없다.

실패하는 사람과 성공하는 사람과의 차이는 바로 작은 일을 대하는 태도에서 비롯된다.

'스티븐 보이드'라는 배우가 있다.

어느 날, 그는 연극무대에 서게 되었다. 비중은 그리 크지 않았다. 한마디로 단역이었다. 로마 시대를 배경하는 하는 역사극에서 그가 맡은 배역은 보잘것없는 군병이었다.

드디어 연극이 시작되고 주연배우들은 무대에서 연기를 펼쳤다.

무대 뒤에서는 군병 역할을 맡은 다른 단역배우들이 연극을 지켜보며 자기의 등장 차례를 기다리고 있었다. 그런데 단역배우들은 하나같이 얼굴에 불만이 가득했다.

"쳇, 나한테 이런 시시한 배역을 맡기다니! 이거 자존심 상해서 연기할 맛 나겠어?"

"신경 쓰지 마. 대충하면 되지 뭐. 어차피 비중이 작으니까 대충 한다고 해도 문제 될 것 없어. 뭐 열심히 한다고 해서 누가 알아주지도 않잖아."

그러나 스티븐 보이드의 생각은 달랐다.

작은 일이라도 최선을 다하는 게 옳다고 생각했다. 그가 연기할 부분은 상관에게 전쟁 상황을 보고하다가 쓰러지는 장면이었다. 그는 무대 뒤에서 자기 차례가 오기 훨씬 전부터 제자리 뛰기를 했다. 무대 위에서 지친 모습을 보여주기 위해서였다.

그가 무대 위에 올랐다. 그는 정말로 전쟁터에서 아주 먼 길을 달려온 사람처럼 지치고 고달픈 모습으로 리얼하게 연기를 했다.

작은 배역에도 최선을 다하여 연기하는 그의 모습을 연출자가 놓칠 리 없었다. 매사에 노력하고 성실한 그의 태도를 인정한 연출자는 다음 작품에서 그에게 비중 있는 배역을 주었다. 그리고 그는 영화감독의 눈에 띄게 되었다.

결국, 그는 영화 '벤허'에서 주인공의 옛 친구이자 라이벌인 메살라 역으로 출연할 기회를 잡게 되었다. 그리고 메살라 역을 멋지게 소화해내 1960년 골든 글로브 배우상을 수상하는 영광까지 얻게 되었다.

작은 일이라도 끝까지 잘해내자

따지고 보면 큰일은 작은 일이 모여서 이루어진 것이다.

거대한 빌딩도 작은 벽돌이 모여 이루어진 것이고 커다란 비행기 역시 작은 쇠붙이와 나사로 이루어졌다.

노자 역시 "아름드리나무도 지극히 작은 것에서 났으며, 구층의 망루도 흙을 쌓는 것에서 시작되었고 천릿길은 첫걸음에서 시작되었다"라고 말한 바 있다.

성공도 마찬가지다. 성공이란 하루아침에 이루어지는 게 아니라 수천 가지의 작은 일들을 제대로 수행했을 때 비로소 찾아오는 행운 같은 것이다.

흔히 사람들은 사소한 일을 처리하는 방식에 따라 능력이나 성격을 평가하는 경향이 있다. 또한 아주 작은 일에 감동을 받기도 한다. 작은 일이라고 해서 그 비중이 작은 건 아니라는 얘기다.

0+1을 단지 1로 생각하지 마라. 0+1=100이 될 수도 있는 것이다. 작은 1이라고 대충 넘어간다면 절대로 행운을 잡을 수 없다. 작고 사소한 일 속에 기회가 있고 성공이 있다는 사실만 잊지 않는다면 분명 당신은 오늘 일을 행함에 있어 태도가 달라질 것이다.

10 시곗바늘을 지배하여 세상을 지배하라

프로로서 바쁜 일상을 성공적으로 보내려면
시간관리 기술이 관건이다.
그러기 위해서는 하루 일정을 시간 단위로 세분화해서
관리하는 것이 중요하다.
한가한 사람의 수첩을 보면 일정을 기입하는 방식이
오전, 오후라는 식의 큰 시간 단위로만 되어 있다.

– 고미야 가즈요시

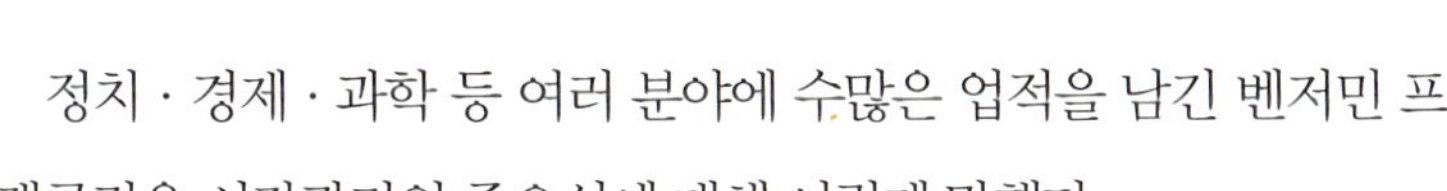

정치·경제·과학 등 여러 분야에 수많은 업적을 남긴 벤저민 프랭클린은 시간관리의 중요성에 대해 이렇게 말했다.

"당신은 인생을 사랑하십니까? 그렇다면 시간을 낭비하지 마십시오. 인생이라는 것은 바로 시간으로 이루어져 있습니다. 똑같이 출발하였는데, 세월이 지난 뒤에 보면 어떤 사람은 앞서나가고 있고, 어떤 사람은 뒤처져 있습니다. 이 두 사람의 거리는 좀체 가까워질 기미가 보이지 않습니다. 이것은 주어진 시간을 하루하루 알차게 사용했느냐, 허송세월을 보냈느냐의 차이입니다."

대문호 괴테와 프랑스 사상가 몽테뉴도 시간관리에 대해 각각 이렇게 언급했다.

"시간이 언제나 당신을 기다리고 있다고 생각하면 오산이다. 천천히 걸어도 언젠가 목적지에 도달할 것이라는 생각은 너무 안이하다. 하루하루 최선을 다하지 않고는 그날의 보람이 없을 것이며 최후의 목표에 결코 도달할 수도 없다."

"사람들은 시간을 빌려주는 것을 쉽게 생각한다. 돈을 아끼듯 시간을 아낄 줄 아는 사람이 있다면 남을 위해 보다 큰일을 하고, 크게 성공할 것이다."

아무리 시간관리의 중요성을 강조한다고 한들 스스로 그 중요성을 인식하지 못한다면 아무런 소용이 없다.

누구에게나 시간은 똑같이 주어진다. 부자든 가난하든 고위직 신분이든 변변치 않은 직업을 가졌든 나이가 많든 적든, 세상 사람들 모두에게 하루 24시간씩 공평하게 주어지고 그 시간은 같은 속도로 흘러간다.

하지만 대부분의 사람들은 시간에 쫓겨 허둥지둥하거나 아니면 수돗물을 틀어놓은 것처럼 그냥 시간이 흘러가게 내버려두며 무의미하게 하루를 보내고 만다.

『세일즈퍼슨의 시테크』의 저자 토드 덩컨은 자신의 저서에서 이런 글을 소개했다.

시계는 나의 전제자이시니, 내가 쉴 틈이 없으리로다.

그가 나를 녹초가 될 때만 누이시며

깊은 절망으로 인도하시어, 내 영혼을 괴롭히시고,

일을 위한 끊임없는 광란으로 인도하시는도다.

내가 일만을 미친 듯이 쫓아다닐지라도 결코 끝을 보지 못하는 것은

나의 '이상'이 나를 따라다니기 때문이니라.

마감일과 인정받고 싶은 나의 욕구가 나를 몰아치나이다.

그들은 내 일정의 한계를 넘어서는 성과를 요구하며,

온갖 골칫거리를 내 머리에 쏟아부으시니 내 머리가 터지나이다.

나의 평생에 피곤함과 시간의 압박이 나를 따라다니리니,

내가 영원히 불안에서 헤어나지 못하리로다.

왜 우리는 시간을 지배하지 못하고 시간에 지배를 당하는 걸까.

왜 우리는 시간의 소중한 가치를 미처 깨닫지 못하고 나중에서야 시간이 부족하다는 변명과 함께 후회를 하는 걸까.

그건 시간이 곧 돈이고 인생과 미래를 바꾸는 결정적인 요인이라는 인식이 부족하기 때문이다.

한 영업사원이 있었다. 그는 회사일로 이동하거나 퇴근을 할 때 늘 택시를 탔다. 그 이유는 자동차를 운전하거나 지하철 혹은 버스로 이동하는 건 몹시 피곤할 일이기 때문이다. 반면 택시를 타면 나만의 시간을 확보할 수 있다. 이동 중에 책을 볼 수도 있고 업무를 볼 수도 있고 사색을 할 수도 있다.

이 영업사원의 경우처럼 택시를 타는 게 비용 면에서 부담이 될 순 있겠지만 그래도 시간에 대한 가치를 새롭게 인식한다는 점은 눈여겨봐야 한다. 무의미하게 지나가버리는 시간을 잡고 그 시간을 내 것으로 만들겠다는 인식만 제대로 갖는다면 분명 미래는 좋은 방향으로 흘러갈 것이다.

시간의 노예가 될 것인가, 시간의 지배자가 될 것인가

성공한 사람들이나 시간관리 전문가들이 제시하는 다양한 시간관리법은 표현만 다를 뿐 두 가지로 압축할 수 있다. 이 두 가지만으로도 당신은 충분히 시간의 지배자가 될 수 있다.

1. 우선순위를 정하는 시간, 아침 10분을 할애해라

지금보다 더 나은 인생과 미래를 원하는가? 그렇다면 더도 말도 덜도 말고 아침에 딱 10분만 투자하라. 그러면 인생과 미래가 달라질 것이다. 아침 10분만 제대로 투자하면 그 혜택이 하루 종일 가고 그 하루의 실적이 점점 쌓여 놀라운 기적을 만든다.

그렇다면 아침 10분 투자란 구체적으로 무엇일까?

바로 오늘 할 일에 대한 계획과 우선순위를 정하는 거다.

"뭐 대단한 건 줄 알았는데 너무 뻔한 얘기다. 그 정도는 이미 알고 있다!"고 말하는 사람이 있을지 모르지만 막상 사람들은 이 뻔한 것을 매일 적용하지 않는다.

이것도 해야 하고 저것도 해야 하고 이것도 하고 싶고 저것도 하고 싶고 이러다 보면 결국 이도저도 아니고 우왕좌왕하다가 하루를 보내고 만다. 혹시 이런 모습이 당신의 모습은 아닌가?

우선순위를 정하는 게 별것 아닌 것 같지만 그것이야말로 일을 효율적으로 할 수 있는 방법이고 동시에 쓸데없는 시간 낭비를 방지하는 기능도 한다.

우선순위에 관한 일화가 있다.

카네기철강회사의 사장직을 역임하고 이후 베슬리헴스틸을 설립

할 당시, 찰스 슈왑의 이야기다.

그는 한 경영 컨설턴트에게 이러한 조언을 구했다.

"정해진 시간 안에 일을 더 많이 할 수 있는 방법을 좀 알려주십시오."

경영 컨설턴트는 다음과 같이 말했다.

"아주 간단합니다. 일단 깨끗한 메모지에 해야 할 일을 쭉 적으십시오. 그 다음, 중요도에 따라 1번, 2번, 3번, 4번으로 순서를 정하십시오. 그 다음, 1번 일을 시작하십시오. 1번 일을 마무리하기 전까지는 2번 일에 눈길도 주지 마십시오. 1번 일을 했으면 이제 2번 일을 하십시오. 다른 3번, 4번 일을 못했다고 해서 걱정하지 마십시오. 어차피 그 일은 시간상으로 오늘 안에 끝낼 수 없는 일입니다. 또한 그다지 중요한 일이 아닐 수도 있습니다. 1번 일과 2번 일을 마무리하는 것만으로 충분합니다. 이런 식으로 매일 아침 우선순위를 정하는 습관을 몸에 붙이십시오. 그런 식으로 한 달만 해보십시오. 효과가 있다면 그 효과가 있는 만큼 제게 비용을 지불하면 됩니다."

한 달 후, 찰스 슈왑은 경영 컨설턴트에게 수표를 보냈는데 그 액수가 무려 2만 5천 달러였다. 1930년대로서는 엄청난 금액이었다.

당신도 아침 10분을 할애해, 오늘 할 일을 리스트로 만들어 우선순위를 정하고 그 순위에 따라 일을 진행해보라. 그러면 분명 하루를 보다 더 가치 있고 보람 있게 보낼 수 있을 것이다.

2. 질질 끌지 말고 할 때는 집중해서 해라

일할 때는 일에만 집중해야 한다. 다른 것에 신경을 빼앗기면 안 된다. 컴퓨터 게임이나 하고, 휴대폰으로 문자나 주고받고, 전화로 친구랑 수다를 떤다면 정해진 시간 안에 일을 마칠 수 없다.

휴대폰이나 컴퓨터 게임 등 시간을 도둑질해가는 것들은 잠시 묶어두고 일에만 전념하라. 정해진 시간 안에 일을 마무리 지으면 그 이후에 충분한 시간 동안 휴식을 취할 수도 있고, 다른 일을 새롭게 시작할 수도 있다. 정해진 시간 안에 일을 마무리 짓지 못하면 성과도 없고 일에 대한 부담감과 스트레스만 쌓여갈 뿐이다.

집중은 일의 능률을 높일 수 있을 뿐만 아니라 시간에 대한 예의이기도 하다.

11

나쁜 것에 지지 말고
그 싹을
모조리 잘라내라

– 살아서도 심지어 죽어서까지 술을 찾는 건 왜일까?

누구나 결점이 그리 많지는 않다.
결점이 여러 가지인 것으로 보이지만 근원은 하나다.
한 가지 나쁜 버릇을 고치면 다른 버릇도 고쳐진다.
한 가지 나쁜 버릇은 열 가지 나쁜 버릇을
만들어낸다는 것을 잊지 마라.

– 파스칼

"죄송합니다. 차가 막혀서 늦었습니다."

"정말이야? 늦게 출발한 거 아니고?"

"아닙니다."

"아니긴 뭐가 아니냐? 자네는 매번 늦잖아."

어느 조직이든 지각대장이 한두 명 있게 마련이다. 피치 못할 사정이 있어서 한두 번 정도는 늦을 수 있지만 일주일에 반 이상을 늦는다면 그건 곤란하다.

개인 사업을 하는 사람이라면 늦는 것에 대해 누가 뭐라고 할 사람이 없지만 공동체 생활에서는 지각은 다른 사람들에게 민폐를 끼치는 것이고 일에도 큰 지장을 준다.

"자네, 앞으로 지각 좀 그만해! 알았어?"

"예."

다시는 지각하지 않겠다고 대답은 했지만 내일이면 또 지각이다. 지각병은 쉽게 고쳐지지 않는다. 아마도 지각을 하는 본인도 분명 괴로울 것이다. '그래, 내일은 일찍 가야지'라는 다짐을 수도 없이 했을 것이다. 그러나 그게 뜻대로 되지 않는다.

도대체 왜 그럴까?

지각을 했던 초창기에 그것을 말끔히 고쳤어야 했는데 고치지 못한 게 결국 나쁜 습관으로 고착된 것이다. 가랑비에 옷이 젖는 줄 모른다는 말, 세살 때 버릇이 여든까지 간다는 말이 괜히 나온 게 아니다. 한번 생겨난 습관은 일상은 물론이고 의지와 미래까지 지배하고 만다.

습관의 리모컨에 조정당하고 있다

한 연구결과에 의하면 우리가 일상적으로 행하는 것의 90퍼센트는 습관이라고 한다. 즉, 자신의 의지로 할 수 있는 건 10퍼센트에 불과하고 나머지는 무의식적으로 늘 해왔던 방식이나 버릇으로 살아간다는 것이다.

그러다 보니 나쁜 습관을 개선한다는 것이 불가능에 가까울 정도로 어렵다. 습관의 리모컨에 조종당하며 점점 습관의 노예가 되어가는 것이다.

이솝우화에 이런 이야기가 있다.

아내는 늘 남편 때문에 고민이다. 남편이 술주정뱅이라서다. 아내는 어떻게 하면 남편이 술을 끊게 할까를 궁리하는 게 최대의 일이었다.

하루는 술에 취해 의식을 잃은 남편을 무덤 속에 집어넣었다. 남편이 정신을 차릴 무렵 아내는 무덤 문을 두드렸다. 안에서 남편의 목소리가 들려왔다.

"누구시오?"

아내는 목소리를 바꿔 천연덕스럽게 말했다.

"죽은 사람에게 음식을 주러 온 사람입니다. 자, 이걸 드세요."

음식을 받아든 남편은 인상을 찌푸렸다.

"도대체 이걸 무슨 맛으로 먹는단 말이오! 술을 주시오. 살아생전 술을 즐겨 먹었습니다. 그럴 때마다 마누라가 어찌나 잔소리를 해대던지 정말로 힘들었습니다. 이제 죽었으니 편히 먹고 싶습니다. 저에게 술을 주시오."

남편의 말에 아내는 땅을 치며 한탄했다.

"아이고, 내가 어쩌다 저런 주정뱅이를 남편으로 얻었는지……. 그놈의 술을 끊게 하려고 별 꾀를 다 내도 소용이 없네."

나쁜 습관 하나가 인생을 망친다

미꾸라지 한 마리가 연못 전체를 망친다는 말처럼 나쁜 습관 하나가 인생 전체에 큰 타격을 준다. 나쁜 습관 하나가 다른 좋지 않은 상황을 양산한다. 철학자 파스칼이 '한 가지 나쁜 버릇이 열 가지 나쁜 버릇을 만든다'는 말을 괜히 한 게 아니다.

음주를 예로 들어보자.

술을 마시는 건 자유다. 그러나 술에 취하게 되면 일이 벌어진다.

남들에게 피해를 준다. 술주정은 말할 것도 없고 말실수를 하기도 한다. 괜히 시비를 걸어 싸움을 유발하기도 한다.

이만하면 다행이지만 술 중독으로까지 발전하게 되면 주변 사람에게 더 큰 피해를 준다. 가정의 화목은 깨지고 함께 일하는 사람들에게 신뢰감을 줄 수도 없다. 또한 성인병에 걸릴 확률이 현저히 높아진다. 결국 술로 인해 가정도 무너지고 그동안 쌓아왔던 덕망이나 인맥 등도 붕괴된다.

나쁜 바이러스 균이 몸 전체를 상하게 하는 것처럼 아주 작은 습관이라도 그것이 나쁜 것이라면 삶의 모든 면에 좋지 않은 영향을 끼친다.

사람들은 누구나 자기만의 습관이 있다. 그것이 좋은 습관이라면 계속 지켜가야겠지만 해가 된다면 빨리 고쳐야 한다. 습관에 휘둘리기 시작하면 되는 일이 하나도 없고 결국 인생을 망치게 된다.

90%의 습관을 10%의 의지로 이겨낼 수 있다

성공적인 인생을 살고자 한다면 나쁜 습관을 끊어내야 한다. 뿌리째 뽑아내야 한다. 물론 쉬운 일이 아니다. 어쩌면 바위에 달걀 부딪치기만큼이나 어렵고 불가능한 일일지도 모른다. 그러나 인간의 의지만큼 강한 건 없다. 바꾸겠다는 의지, 고치겠다는 의지만 있다면 가능하다.

1. 고치고 싶은 나쁜 습관을 적어라

자신의 하루 일상을 객관적으로 관찰해보라. 그럼 평소에 했던 행동이나 버릇 또는 자신이 미처 인지하지 못했던 습관까지 발견할 수 있을 것이다. 스스로 발견할 수 없다면 다른 사람들에게 의뢰를 해도 좋다. 좋은 습관은 더 강화하고 나쁜 습관은 목록으로 만들어 책상 앞에 붙여놓아라. 목록에 적힌 항목은 음주, 담배, 우유부단함, 성급함 등 다양할 것이다.

문제를 제대로 알아야 그 해결책을 찾을 수 있다. 문제를 알았으니 이제 바꾸기만 하면 된다.

2. 변화 후의 모습을 상상해보라

한 번 굳어진 습관을 바꾸기란 힘들다. 노력을 한다지만 그것을 완전히 개선할 때까지 끌고 갈 의지력을 갖는다는 것도 쉽지 않다.

대부분이 그러하듯 도중에 포기하고 만다. 그럴 때는 변화 후의 모습을 상상하라. 지금 몸무게에서 10킬로그램을 뺐을 때의 모습을 생각해보라. 그동안 뚱뚱해서 입을 수 없었던 옷들을 맘대로 입을 수 있고 이성으로부터 지금보다 더 많은 관심을 받게 될 것이다. 또한 남들 앞에 서는 것이 더 이상 부끄럽지 않다. 모든 일에 당당하고 자신감이 넘쳐난다.

변화 후에 얻게 될 혜택이 그야말로 엄청나다. 그 엄청난 혜택을 상상한다면 지금의 고통은 견딜 수 있을 것이다.

3. 대신할 수 있는 다른 좋은 습관을 찾아라

단것을 늘 입에 달고 사는 사람에게 갑자기 단것을 끊으라고 한다면 그 사람에겐 그날부터 고통의 시작일 것이다. 술을 즐기는 사람에게 갑자기 금주를 하라고 한다면 금단현상이 일어나 그 사람은 오히려 더 불안해할 것이다.

이제까지 하던 일을 무조건 하지 말라고 한다면 그건 참으로 견디기 힘들다. 욕구 불만으로 인해 괜히 다른 일이 초래될 수 있다.

따라서 서서히 바꾸는 게 좋다. 대체할 만한 무언가가 있어야 한다. 술을 대체할 수 있는 음식을 찾거나 운동을 하거나 아니면 다른 즐거운 일을 만들어야 한다. 그러면 나쁜 습관을 버리는 데 조금은 도움이 될 것이다.

12

답답했던 인생, 굿 아이디어로 인생을 뒤집어라

– 로또보다 인생역전하기 쉬운 방법을 아세요?

성공을 거둔 세상의 위대한 이들은
자신의 상상력을 활용한다.
그들은 앞서서 생각하고
머릿속에 세세한 그림을 그려내
그것을 토대로 꾸준히 성공을 쌓아나간다.

– 로버트 J. 콜리어

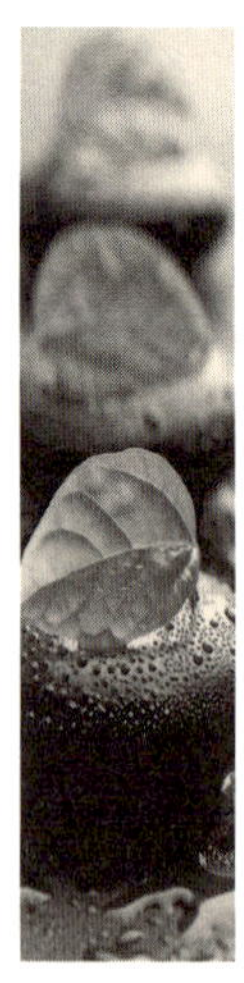

어젯밤에 돼지꿈을 꿨다면 아침에 어떤 일을 하겠는가?

아마도 대부분의 사람들이 이럴 것이다. 자리에서 일어나 허둥지둥 밖으로 나간다. 그리고 망설일 것도 없이 어디론가 달려간다. 도착한 곳은 다름 아닌 '로또'를 판매하는 가게. 그곳에서 돈을 내고 로또 몇 장을 받는다. 로또에 가볍게 입맞춤을 한 후, 눈을 감고 주문을 외운다.

"제발 이번에는 꼭."

일상으로 돌아왔지만 여전히 마음은 두근거리고 설렌다.

일주일 내내, 행복한 상상을 한다. 우울하고 답답하고 누추한 지금의 생활은 이제 안녕이다. 로또만 된다면 모든 것이 달라진다. 매끼니마다 맛난 음식에, 값비싼 자동차에, 화려한 파티는 물론 돈 때문에 다른 사람들에게 아쉬운 소릴 할 필요도 없다. 매일 매일이 축제이고 행복의 연속이다. 한 마디로 인생역전, 인생반전이다. 생각만으로도 얼마나 짜릿하고 가슴 벅찬가.

그러나 로또의 꿈은 꿈으로 끝난다. 로또 1등에 당첨된다는 게 그리 쉬운 일이겠는가. 1부터 45까지의 숫자 중 여섯 개 번호만 맞히면 되니까 확률이 '45분의 6'이라고 생각하기 쉬운데 전혀 그렇지 않다. 당첨 확률은 무려 '8,145,060분의 1'이다. 해운대 백사장에서 바늘 찾기만큼이나 어려운 확률이다.

인생역전, 로또보다 확률이 높은 게 있다

인생역전, 인생반전하기에 로또만 한 게 없다. 그렇다고 로또에만 매달릴 순 없는 노릇이다. 그렇다면 로또가 아니고는 인생역전, 인생반전을 꾀할 방법은 없는 걸까.

그렇지 않다. 로또보다 훨씬 확률도 높고 누구나 가능한 게 있다. 물론 쉬운 일은 아니겠지만 머리를 잘 쓰면 충분히 승산이 있다.

바로 세상을 바꿀 만한, 내 인생을 바꿀 만한, 내 꿈을 실현시킬 만한 굿 아이디어 하나만 내 머릿속에서 끄집어내면 된다. 그러면 지금의 상황을 몇 배는 더 발전적으로 반전시킬 수 있다.

왜? 자신 없는가? 그렇지 않다. 당신은 충분하다.

사자나 호랑이, 곰 등 맹수 앞에서 당신은 한없이 나약한 존재다. 그들이 앞발로 살짝 밀어도 당신은 몇 미터 밖으로 나가떨어진다. 그런 나약한 존재임에도 불구하고 당신은 그들을 지배하고 있다. 당신은 만물의 영장이다. 굿 아이디어를 생산해낼 수 있는 두뇌를 가지고 있기 때문이다.

지금보다 한 걸음 앞의 상황만 예측하면
그게 바로 대박상품이다

굿 아이디어는 하늘에서 떨어지는 것도 아니요, 땅에서 솟아나는 것도 아니다. 우리 주변에 널려 있다. 그것을 발견의 눈, 발명의 눈으로 바라보고 내 것으로 만드느냐에서 승부가 갈린다.

굿 아이디어로 대박상품을 낸 메이슨의 경우가 그렇다. 메이슨은 직장 다니는 여성이 자꾸 늘어나고 있음에 주목했다. 그러면 오랜 시간 동안 요리할 시간이 없어 전자레인지 사용이 증가할 거라 예측했다. 또 전자레인지를 사용하려면 거기에 걸맞는 용기나 접시가 필요할 거라 생각했다. 그래서 그는 전자레인지에 사용할 수 있는 제품인 '메이슨웨어'를 만들었다. 그 제품은 대박상품이 되었다.

지금 이 순간에도 대박상품들은 속속 세상에 등장하고 있다.

최근에는 에어프라이어가 나왔다. 기름 없이 뜨거운 공기를 이용해 원재료에 함유된 지방만으로 재료를 튀기는 기술을 내세운 제품이다. 또한 날개 없는 선풍기도 나왔다. 이러한 것들은 고가임에도 불구하고 불티나게 팔리고 있다. 이 얼마나 멋지고 짜릿한 아이디어인가.

머릿속에서 펄떡이는 아이디어를 낚아채는 방법

당신이라고 못할 것 없다. 아이디어를 내기 위한 두뇌훈련법 몇 가지만 숙지하면 세상을 놀라게 할 굿 아이디어를 생산해낼 수 있다.

첫째, 뇌에서 힘 빼기

운동을 하기 전에 가벼운 스트레칭으로 몸을 풀듯 굿 아이디어를 생산하기 위해선 딱딱하게 굳은 뇌를 풀어줘야 한다.

뇌를 푸는 방법으로 '역겨운 껌' 놀이를 해보면 효과적이다. 세상에서 더러운 걸로 껌을 만들어라. 이를테면 똥껌, 코딱지껌, 발가락 사이에 낀 때로 만든 껌 등등. 이런 식이라면 수백, 수천 개의 기상천외한 껌을 만들 수 있을 것이다.

역겹고 더러운 꿈을 입과 머리로 만드는 사이, 당신의 뇌는 춤을 추며 상상의 문을 활짝 열 것이다. 굿 아이디어를 생산할 수 있는 뇌로 바뀌는 것이다.

둘째, 접착제로 붙이기

어울릴 것 같지 않는 두 개를 억지로 조합시키는 방법이다.

예를 들어, 신발과 휴대폰이다. 신발에 달린 휴대폰이 완성되었다. 이번에는 꽃과 망치다. 꽃이 핀 망치가 완성되었다. 아무 것이나 괜찮다. 둘을 붙여라. 말도 안 되는 게 태반이겠지만 어쩌다 썩 어울리는 커플이 탄생하기도 한다.

굿 아이디어는 이처럼 전혀 예측하지 못한 곳에서 터진다.

셋째, 한 걸음 앞 예측하기

휴대폰이 출시되면 휴대폰 케이스와 휴대폰 줄이 필요하듯 신제품이 출시되면 그에 따르는 부가 제품들이 줄줄이 나온다. 그러니 신제품에 주목하라. 신제품만 주의 깊게 관찰하고 연구하면 썩 괜찮은 떡고물이 떨어질 것이다.

여기서 제시한 두뇌훈련법을 이미 다 아는 방법이라고 가볍게 여기지 마라. 어쩌면 이 세상 모든 진리와 지혜와 지식은 이미 유치원 시절 다 배웠는지도 모른다. 중요한 건 아는 것과 배운 것을 활용하는 것이다.

실행하지 않으면 아무 소용없다. 그러니 지금 당장 움직여라. 아이디어 수첩 하나를 만들어 몸에 지니고 다녀라. 그리고 찰나의 번뜩이는 생각을, 펄떡이는 아이디어를 강물에 흘려보내지 말고 낚아채 수첩에 남겨라.

그 수첩을 잘 활용한다면 분명 당신은 크나큰 행운을 얻을 것이고, 그 수첩을 잃어버린다면 그 수첩을 줍는 자가 인생역전을 할 것이다. 어쩌면 로또 1등보다 더 큰 액수를 얻을지도 모른다. 거기에 명예와 밝은 미래까지.

13 스트레스랑 포옹도 하고 기쁜 마음으로 키스도 하라

스트레스는 피할 수 없을 뿐만 아니라
반드시 나쁜 것만은 아니다.
스트레스는 신체를 보호한다.
스트레스를 받은 사람은 주변 환경을 경계하고
위험을 피하기 위해 계획을 세운다.
반면 즐겁고 태평한 사람은
함정 속으로 걸어 들어가고 있음을 알아차리지 못할 것이다.

– 브루스 맥윈

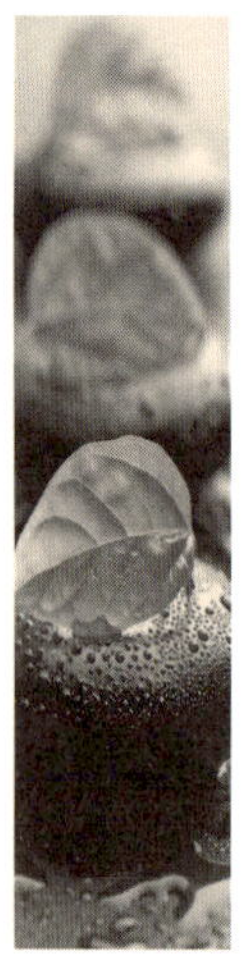

직장인 A는 요즘 죽을 맛이다.

팀장이 갑작스러운 병환으로 휴직을 하는 바람에 그가 팀장대행을 하게 되었다. 거기까지는 좋은데 문제는 지금까지 팀장이 도맡아 했던 프레젠테이션을 이제부터 본인이 해야 했다.

그는 스피치 공포, 특히 연단 공포가 유난히 심했다. 예전에 대학시절, 안 좋은 기억이 있다. 발표 수업시간에 크게 망신을 당한 것이다. 사람들 앞에 서니 식은땀이 나고 호흡은 가빠지고 심장은 콩닥콩닥 두근거렸다. 성대가 바짝 조여오고 목을 매게 했다.

결국 그는 아무 말도 못한 채 그냥 그 자리를 도망쳐야 했다. 그래서 그는 요즘 하루하루가 스트레스다. 프레젠테이션 날짜는 점점 다가오고 여전히 연단 공포가 있고 그런 두려운 마음에 머리카락이 한 움큼씩 빠지는 것 같았다.

직장인 B 역시 폭파 직전이다.

전화 받고 회의하고 업무처리하고 사람들을 만난다. 종일 이리저리 바삐 움직이는데도 일은 끝이 보이지 않는다. 노동절에도 쉬지 못했다. 때려치우고 싶어도 먹고살아야 하기에 그럴 수가 없다.

과도한 업무 때문에 근래에 정시 퇴근을 한 적이 한 번도 없다. 야근하는 게 당연하고 집안에 일이 생겨 일찍 가야 할 상황이 생기면 눈치를 봐야 한다. 그것도 모자라 쳐다보기도 싫은 직장 상사와 함께 일해야 하는 것까지. 이게 제대로 된 인생인지, 지금 무엇을 위해 일하는지도 모른다. 그저 한숨만 쌓여간다.

대학생 C도 요즘 피곤하다.

비싼 등록금 때문에 마음이 무겁다. 집에다 등록금 전부를 손 벌리기 뭣해서 수업이 끝나면 저녁 내내, 패스트푸드점에서 아르바이트를 한다. 친구도 만나고 여행도 다니고 책도 읽으면서 낭만적인 대학생활을 보내야 하는데 아르바이트 때문에 모든 것이 다 날아갔다.

이제 곧 졸업인데 취업도 걱정이다. 나름대로 준비는 하지만 스펙이 턱없이 부족하다. 이래저래 힘든 하루하루다. 의욕이 없고 몸만 축 처진다.

A와 B와 C의 모습은 그리 낯선 풍경이 아니다.

우리가 살아가는 모습과 크게 다르지 않다. 우리도 A와 B와 C처럼 동시대에 살고 있으며 비슷한 고민을 품고 있다. 그리고 이들에게 노출된 공통적인 문제인 '스트레스'도 우리가 받는 스트레스와 크게 차이 나지 않는다.

스트레스는 일상에 널려 있다. 사람과 사람 사이에도 스트레스가 존재한다.

사람과의 만남이 늘 유쾌할 순 없다. 서로에게 종종 상처를 주기도 하고 받기도 한다. 또한 사람에게 속아 큰 손해를 보거나 충격을 받기도 한다. 싫고 미운 사람과 한 공간에 있다는 것만으로도 스트레스 그 자체다.

106

업무에서도 스트레스가 존재한다. 내가 하고 싶은 일만 골라서 하면 좋으련만 그럴 수가 없다. 싫은 일도 해야 하고 정해진 시간 안에 끝내야 한다. 실수라도 하는 날이면 상사의 잔소리가 귓가에서 떠나지 않는다.

불투명한 미래 역시 스트레스다. 열심히 한다고 하지만 경쟁이 치열해 바늘구멍으로 들어갈 수 있을지 불안하다. 바늘구멍으로 들어간다고 해도 끝까지 살아남아야 한다는 것 또한 스트레스다.

스트레스가 부정적인 것만은 아니다

스트레스가 우리의 생활과 생각 속에 얼마나 깊이 침투해 있는가는 한 리서치기관의 설문조사 결과를 봐도 알 수 있다.

우리나라 사람들이 자주 사용하는 외래어가 뭔지를 설문조사한 적이 있는데 1위가 바로 '스트레스'였다. 이처럼 스트레스는 삶과 함께 산다고 해도 과언이 아니다. 살아 있는 한 스트레스에서 자유로울 수 없다. 그렇다고 스트레스에 당하고만 있을 수는 없으니, 우리가 할 수 있는 최선은 스트레스를 받아들이는 마음의 자세를 가지는 것이다.

우리는 힘든 상황이 닥치면 대부분 부정적인 언어를 내뱉는다.

"정말로 죽겠어!"

"미치겠어. 왜 하필 이런 일이 일어난 거야!"

"못살겠어. 아, 짜증나!"

그렇게 신경질을 부리고 푸념을 하고 화를 낸다고 그 상황이 해결되는 것도 아니다. 스트레스와 고난이 없는 인생을 산다면 그야말로 축복이겠지만 그건 불가능한 일이고, 설령 가능하다 해도 그 삶은 오히려 지루하고 따분하며 무료할 것이다.

스트레스에 대한 사고의 전환이 필요하다. 스트레스가 절대 나쁘기만 한 것은 아니다.

유럽에서 최고로 손꼽히는 인생관리 전문가 로타르 J.자이베르트는 저서 『행복이 가득한 시간』에서 스트레스의 긍정론을 폈다.

"외부의 체험, 사건, 그리고 인상들에 대해 스스로 어떤 반응을 보이는가? 심사숙고하고 걱정하는가, 아니면 '까짓것 내가 한다' 하는 식인가? 도전을 기회로 삼는 자에게는 스트레스는 괴롭지 않다. 오히려 그 스트레스가 성공으로 이끌어준다. 스트레스는 정신을 깨어 있게 만들고 신체를 움직일 수 있는 상태로 준비시킨다."

삼성그룹 창업주 이병철 회장 역시 적당한 스트레스가 오히려 발전을 가져온다는, 이른바 '메기론'을 주장했다.

미꾸라지가 많이 서식하거나 양식하는 곳에 메기 몇 마리를 풀어 놓으면 미꾸라지들이 필사적으로 움직인다. 메기에게 잡아먹히지 않기 위해서다. 그래서 미꾸라지들은 다들 생기가 넘치고 건강한 체력을 갖추고 있다. 반면 미꾸라지들만 살고 있는 곳에서는 생존에 대한 위협이 없기 때문에 아무래도 느슨하고 나태해져 운동 부족으로 몸이 비실비실하고 쉽게 질병에 걸리고 만다.

이처럼 적당한 스트레스는 오히려 건전한 성장을 하는 데 자극제가 된다. 오히려 스트레스가 없이 산다면 역경이나 고난이 닥쳤을 때 더욱 강한 공포를 느낄 수도 있다. 그러나 과거에 한 번 이겨낸 경험이 있다면 보다 더 슬기롭게 극복할 수 있는 면역력이 생겼을 수도 있다.

인생은 평지가 있으면 반드시 언덕이 있게 마련이다. 언제라도 좋지 않은 상황은 닥칠 수 있다. 그런 상황을 인생의 한 부분으로 받아들이고 그로 인해 발생하는 스트레스는 나를 발전시키기 위한 생산적인 자극제라고 생각하라. 자기계발의 계기로 삼아라. 그러면 스트레스도 인생의 독이 아니라 빛이 되고 새로운 것을 발견하는 기회가 될 수 있다.

Chapter 3

"세상에서 가장 어려운 일이 뭔지 아니?"
"흠. 글쎄요. 돈 버는 일? 밥 먹는 일?"
"세상에서 가장 어려운 일은
사람이 사람의 마음을 얻는 일이란다.
각각의 얼굴만큼 아주 짧은 순간에도
각양각색의 마음속에
수만 가지의 생각이 떠오르는데,
그 바람 같은 마음을 머물게 한다는 건
정말 어려운 거란다."
– 생텍쥐페리 '어린 왕자' 중에서

사람 안에는
또 사람이 있고
그 사람 안에는
또 다른 사람이 있다

14 갈등의 불씨를 현명한 협상으로 꺼버려라

훌륭한 경영자는
갈등을 없애려 하지 않는다.
대신 갈등 때문에 사람들이
에너지를 낭비하지 않도록 한다.
만약 당신이 경영자이고
직원들이 당신이 틀렸다며
공개적으로 당신에게 반기를 든다면
그것은 좋은 신호이다.

- 로버트 타운젠드

토요일 아침, 연인 사이인 두 사람이 만났다.

"오늘 영화 보기로 했지? 우리 무슨 영화 볼까?"

여자는 잠시 고민하더니 이내 말했다.

"그동안 일하느라 스트레스 많이 받았으니까 액션영화 보자."

액션영화를 보자는 여자의 말에 남자의 반응이 시원찮다.

"난 액션영화 별로인데. 우리 말랑말랑한 멜로영화나 보자."

멜로영화를 보자는 남자의 말에 이번에는 여자의 반응이 시원찮다. 그 뒤로 약 십여 분 동안 둘은 무슨 영화를 볼까에 대해 얘기를 나눴다. 그런데 서로 양보하지 않는다. 무슨 영화를 볼지에 대해 쉽게 결론을 내리지 못했다.

"넌 무슨 여자가 액션영화를 좋아하냐? 그러니까 네가 왈가닥이지."

"너 정말 말 다했어? 넌 남자가 돼서 무슨 멜로냐? 그러니까 네가 늘 흐리멍덩하지!"

"너 그게 지금 말이 된다고 생각해?"

"너부터 시작했잖아."

즐겁고 행복해야 할 주말에 결국, 둘은 싸우고 말았다. 서로의 마음에 상처만 준 채 둘은 뒤도 안 돌아보고 각자의 집으로 갔다.

갈등은 어디에나 존재한다

우리가 살고 있는 이 세계는 갈등으로 가득 차 있다. 마음을 주고받았던 가까운 연인 간에도, 피를 나눈 운명적 공동체인 가족 간에도 갈등은 존재한다.

아주 작고 사소한 일이라도 그게 불씨가 되어 갈등이 되는 경우가 허다하다. 일단 다툼이 시작되면 서로에게 상처를 준다. 또한 미움의 감정이 커지고 결국 사람과 사람 사이에 보이지 않는 벽 하나를 쌓게 된다.

연인이나 가족처럼 가까운 사이조차도 수시로 갈등이 발생하는데 하물며 서로의 이해관계가 얽혀 있는 조직이나 사회에서는 갈등의 강도가 얼마나 심할까.

문젯거리가 터지는 순간, 갈등도 함께 터진다. 문제를 바라보는 시선과 해결책에 대한 서로 다른 접근 방식 등으로 의견이 엇갈리고 논쟁이 불붙는다. 배신과 배반 그리고 반목 등으로 관계는 최악으로 치닫기도 한다.

이처럼 가까운 사이건 이해관계로 얽힌 사이건 우리는 늘 갈등을 옆구리에 낀 채로 살아가고 있다. 숨을 쉬고 살아 있는 한 갈등은 어디에서나, 언제든지 존재한다.

갈등을 해결하는 방법은 분명 있다

예전에는 성공을 위해 최고의 재능을 발휘하고 최선의 노력을 다한 후, 어느 정도의 인맥을 통해 성공의 울타리로 들어가면 됐다. 그러나 이제는 그것만으로는 부족하다. 재능과 노력, 인맥 거기에 하나가 더 필요하다. 바로 갈등을 해결하는 능력, 즉 협상력이다.

협상이란 무엇인가? 어떤 목적에 부합되는 결정을 내리기 위해 여럿이 서로 의논하는 걸 말한다. 여기서 어떤 목적이라 함은 아마도 자신의 손실을 최소화하고 이익은 최대화하려는 것일 게다. 그러나 모든 사람들이 다 그런 생각을 하기 때문에 서로의 타협점을 찾기가 어렵다.

자칫 갈등이 일어난 이후, 협상 과정에서 서로 등을 돌리는 경우도 있다. 그건 바람직하다고 볼 수 없다. 남을 이기는 것만이 능사는 아니다. 내가 조금 손해 보더라도 원하는 것을 얻는다면 그것이 최상의 협상이다.

모든 문제에는 반드시 해결책이 있듯 갈등이 생기면 분명 타협점이 있게 마련이다. 그 타협점을 찾기 위한 슬기로움이 필요하다.

슬기로운 협상력으로 갈등을 잘 풀어 서로 만족할 만한 성과를 이끌어낸 하워드 휴즈의 일화를 소개한다.

비행기 조종사이면서 영화제작자였던 하워드 휴즈는 자신이 제작한 영화 '무법자'에 출연한 제인 러셀에 대해 상당한 호감을 갖고 있었다. 그는 제인 러셀에게 전속계약 조건으로 1년 동안 백만 달러를 주겠노라고 했다.

당시는 1940년대였으므로 백만 달러는 엄청난 금액이었다. 돈을 싫어할 사람이 있겠는가. 제인 러셀은 흔쾌히 수긍했고 둘 사이에 계약이 이루어졌다. 그런데 1년이 지났지만 하워드 휴즈는 제인 러셀에게 돈을 지급하지 못했다. 다른 자산은 많았지만 현금은 없었기 때문이다.

제인 러셀은 계약서대로 빨리 시행하라고 하워드 휴즈를 보챘다. 둘 사이에 갈등이 생긴 것이다. 하워드 휴즈는 분명 타협점이 있을 거라 생각하고 몇 날 며칠을 고민했다. 그리고 이런 답을 얻어냈다.

"제인 러셀, 당장 백만 달러를 줄 순 없소. 그러나 다른 대안이 있소. 내가 오만 달러씩 이십 년 동안 지불하는 거요. 이 조건은 분명 당신에게 손해 보는 게 아니오. 이십 년 동안 당신은 영화배우로서 보장이 되는 겁니다. 또한 나눠서 돈을 받으니 세금부담도 줄일 수 있습니다. 어떻소?"

제인 러셀은 흔쾌히 고개를 끄덕였다. 생각하면 생각할수록 서로에게 윈윈Win-Win이 되는 현명한 조건이라는 생각이 들었기 때문이다. 그렇게 해서 둘 사이의 갈등은 봉합되었다.

116

현명한 협상가가 되기 위해 갖춰야 할 태도

첫째, 자기감정을 조절하라

문제가 발생하면 갈등하게 된다. 그러면 각자 신경이 날카로워지기 때문에 서로에게 상처가 되는 말이나 욕설이 오갈 수 있다. 그렇다고 함께 핏대를 세우고 덤빈다면 갈등은 예측할 수 없는 상황까지 치닫게 된다.

이러면 결국 모두 다 손해다. 현명한 협상가는 자기감정을 통제할 줄 알아야 한다. 그게 바로 갈등을 해소하고 타협점을 찾는 현명한 협상가가 되기 위한 첫 번째 단추이다.

둘째, 적이 아니라 파트너라고 생각하라

상대가 말을 하는데 중간에 말을 끊으면 안 된다. 충분히 들어주고 자신의 요구를 말해야 한다. 내가 원하는 것을 얻기 위해선 참을 줄도 알아야 한다.

무엇보다 상대를 무시하거나 적대시하는 것은 피해야 한다. 상대에 대한 존중 없이 상대로부터 인정받길 원하는 건 이기적인 생각이다. 상대를 내가 쓰러뜨려야 할 적이 아니라 함께 힘을 모아 공동의 목표를 이뤄내야 할 파트너라고 생각한다면 아마 둘의 관계가 좀 더 부드러워지고 원만한 해결책을 만들어낼 수 있을 것이다.

셋째, 새로운 대안을 받아들여라

서로의 주장이 너무 팽팽하면 쉽게 결론이 나지 않는다. 그럴 때는 한 걸음씩 뒤로 물러날 필요가 있다. 자신의 것만 주장할 것이 아니라 다른 대안도 받아들일 수 있는 마음의 공간을 가져야 한다.

어찌 자기 뜻대로만 하며 살 수 있겠는가. 합리적인 대안이 있다면 둘 다 조금씩 손해 보더라도 오히려 수용하는 게 낫다. 괜히 서로 힘만 빼다가 아무 것도 얻지 못할 수도 있다.

15 균형 잡힌 관계를 위해 기브 앤드 테이크를 하라

– 친해지려고 잡고 늘어지는 건 민폐다

남과 사이가 좋지 못하거나
그 사람이 당신과 있는 것을 싫어하거나
당신이 옳은데도 그 사람이 동조하지 않으면
그 사람이 책망받을 것이 아니다.
정작 책망받아야 할 사람은 바로 당신이다.
왜냐하면 당신이 그 사람에게
마음과 정성을 다하지 않았기 때문이다.

– 톨스토이

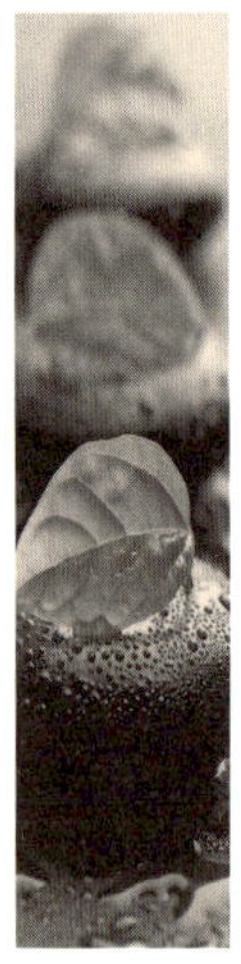

사람과 사람 사이에 원만한 관계를 유지하기 위해 가장 중요한 게 '진심'이라는 것에 대해서는 이견이 없을 것이다. 진심이 통하면 꽉 닫힌 마음도 열 수 있고 한 번 맺은 인연은 웬만해서는 흔들리지 않고 오래 지속된다. 그런데 우리가 사는 세상, 사람과의 관계가 진심만으로는 통하지 않는다.

냉정해 보이지만 엄연히 인정해야 할 사실이 하나 있다. 원만한 관계를 만들고 균형 있게 유지하기 위해 필요한 '기브 앤드 테이크 give and take법칙'이다. 즉, 사람이나 일을 얻으려면 그들이 원하는 것을 내줘야 한다.

아무 것도 주지 않고 무언가를 얻으려고 하는 건 도둑놈 심보다. 아무리 가까운 사람이라도 아무런 대가를 지불하지 않고 맘대로 부려먹는다면 그 관계는 오래 지속될 수 없다.

'애는 원래부터 나를 잘 따랐어. 그러니 아무 것도 안 해줘도 돼.'

'설마 뭘 원하겠어? 오히려 그런 걸 더 불편하게 생각할 거야.'

이것은 착각이다.

이 세상에 금전적 보상이나 칭찬 등 이익을 얻는 것에 대해 싫어할 사람은 없다. 오히려 그런 것들을 얻지 못해서 불화가 생기고 미움이 싹트게 된다. 아무리 성격 좋은 사람이라도 자기가 한 일에 대해서 정당한 대가를 받지 못하면 불만이 쌓이게 마련이다. 왠지 자신이 무시당하는 것 같고 자신의 욕구를 몰라주는 것 같아 서운한 마음이 들기 시작한다. 그러다 보면 결국 그 관계는 금이 가고 만다.

누군가와 친해지고 싶은 경우도 마찬가지다. 무조건 물고 늘어지고 떼쓴다고 친분이 쌓이는 게 아니다. 그건 민폐일 뿐이다. 좋은 관계를 맺고 유지하기 위해서는 누차 말하지만 일정한 대가를 지불해야 한다.

인센티브가 사람의 마음을 움직인다

한 취업 사이트에서 회사에 대한 직원들의 충성도를 설문조사한 바 있다.

"회사에 대한 충성도가 높아질 때는 언제입니까?"

이 질문에 직장인들은 어떤 답변을 했을까.

답변은 다음과 같았다.

'성과에 부합하는 인센티브를 제공할 때'가 62.9퍼센트로 가장 많았고 '업무 효율을 높일 수 있도록 근무 환경을 개선할 때' 그리고 '회사가 발전하는 모습을 볼 때' 등이 뒤를 이었다.

『사람을 읽으면 세상이 즐겁다』에 다음과 같은 실험 결과가 소개되기도 했다.

하나의 업무를 두 사람이 협력하여 일을 진행시켰다. 일이 마무리

된 후, 한 사람에겐 노력한 것에 비해 보수를 더 많이 주고 반대로 한 사람에겐 노력한 것에 비해 적은 보수를 지급했다.

과대보수를 받은 사람은 처음에는 자신이 왜 많은 보수를 받았는지 이해가 가지 않는다고 말했다. 또한 뭔가 불공정한 느낌이며 심지어 죄의식까지 느낀다고 말했다. 그러나 나중에 거짓말탐지기를 사용한 후에는 과대보수를 받은 사람은 솔직한 심정을 말했다. 불공정한 기분이나 죄의식을 느끼지 않을뿐더러 이후에도 자신에게 높은 보수를 제공한 사람과 지속적으로 업무를 진행하길 바란다고 밝힌 것이다.

이처럼 사람들은 자기 자신을 챙겨주는 것을 은근히 원하고 더 많은 대가를 받을 때는 보다 더 적극적으로 변한다는 것을 알 수 있다.

주는 것에 인색하지 않고 기다릴 줄 아는 사람이 인간관계의 고수

기브 앤드 테이크의 법칙이 어찌 보면 삭막하고 야박하게 느껴질 수도 있겠지만 달리 생각하면 가는 정이 있어야 오는 정도 있다는 말과 일맥상통한다.

남에게 뭔가를 요구하기 전에 먼저 베풀 줄 알아야 한다. 기브 앤드 테이크라는 말에서 기브give라는 단어가 먼저 나온 것도 그 이유다. 주지도 않고 받기를 원한다면 그건 예의 없는 짓이고 또한 상대를 언짢게 하는 행동이다.

남이 원하는 것을 먼저 채워주고 남이 더 많이 가질 수 있게 내 것을 베풀어라. 먼저 남에게 주는 것이 얼핏 손해 보는 일이라 생각될 수도 있지만, 인간관계란 부메랑과 같아 준 만큼 언젠가는 다시 돌려받게 되어 있다. 주는 것에 인색하지 않고 기다릴 줄 아는 사람이 진정한 인간관계의 고수이다.

16

인생의 길을
함께 걸어갈
친구를 만들어라

– 인생의 절반이면서 성공의 필수요소는 과연 뭘까?

명성은 화려한 금관을 쓰고 있는
향기 없는 해바라기이다.
그러나 우정은
꽃잎 하나하나마다
향기를 풍기는 장미꽃이다.

– 올리버 웬들 홈스

　예전에는 가족이라고 하면 구성원이 적어도 예닐곱은 되었다.

　할아버지, 할머니, 아버지, 어머니, 그리고 형제자매들. 한 지붕에서 여러 명이 함께 살다 보니 불편한 면도 있었지만 늘 북적거리니 심심할 겨를이 없었다. 또한 위기의 순간마다 버팀목이 되어주기도 하여 가족의 정과 사랑을 느낄 수 있었다.

　그런데 요즘은 가족 구성원이 예전 같지 않다. 할아버지, 할머니와 함께 사는 대가족 형태의 가정은 드물고 대부분 핵가족화되었다. 또한 자녀를 많이 낳지 않는다. 한 명이 보편적이고 많이 낳으면 두세 명이다. 예전에 비해 가족의 구성원이 현격하게 줄어든 것이다. 게다가 자녀들은 스무 살만 넘으면 독립을 꿈꾸고 결혼과 동시에 분가를 한다. 북적거려야 할 집이 적막하고 휑하니 바람만 분다.

　말을 섞을 가족이 없어 심심하다. 현관문을 열고 들어오면 가족 대신 애완견이 맞아주고 집을 나설 때도 애완견과 인사를 한다. 이런 상황이다 보니 가족으로부터 나의 고달픈 삶을 위로받고 나의 욕망을 충족시키기엔 부족한 게 현실이다.

　그래서 가족 외에 나를 위로해주고 이해해주고 함께 꿈을 나눌 수 있는 사람이 더더욱 절실해진다. 그런 존재가 바로 친구다.

친구는 인생의 절반이고 삶을 지탱해주는 필수요소

어떤 시인은 누구나 다 혼자이지 않은 사람은 없다고 말하며 아무리 심지 굳은 사람과 함께 있어도 다 허상이고 영원한 반려는 없다고 노래했다.

정말 인생이란 고독하고 쓸쓸한 걸까. 아마도 시인은 홀로 가는 인생은 그만큼 외롭고 힘겨우니 마음을 나누고 정을 쌓을 수 있는 괜찮은 친구를 꼭 만들라는 의도에서 그런 시를 썼는지 모르겠다.

인생에 있어서 친구가 차지하는 비중은 꽤나 크다.

아무리 피를 나눈 가족이라도 차마 꺼내지 못하는 말이 있다. 그런데 스스럼없이 마음속 이야기를 털어놓을 수 있는 사람이 있다. 바로 친구다. 친구에게는 그 어떤 말을 해도 괜찮다. 그만큼 편하기 때문이다.

또한 힘든 일 때문에 괴로워 술 한 잔 기울이고 싶을 때 생각나는 사람 역시 친구다. 친구와 술잔을 주거니 받거니 하다 보면 어느새 힘든 일은 사라지고 웃음꽃이 핀다. 어려운 문제가 생겨 답답할 때도 역시 맘 편히 친구에게 기댈 수 있다. 함께 고민을 나누다 보면 한결 마음이 가벼워지고 더러는 문제도 해결된다. 그게 바로 친구의 힘이다.

성공을 하고자 할 때 역시 친구의 역할은 크다.

성공한 사람들을 보라. 아무리 잘난 사람들도 혼자의 힘으로는 결코 성공의 궤도에 진입할 수 없었다.

워렌 버핏이 주식투자계의 전설이 될 수 있었던 건 그의 곁에 명석한 두뇌와 뛰어난 판단력을 가진 찰스 멍거가 있었기 때문이다. 마이크로소프트의 빌 게이츠도 혼자였다면 세계 최고의 부자가 될 수 없었을지도 모른다. 발명가적인 기질이 뛰어난 마이크로소프트의 또 다른 창업자 폴 앨런이 곁에 있었기에 가능했다. 스티브 잡스 역시 애플을 세계적인 기업으로 성장시킬 수 있었던 건 애플 초창기 매킨토시와 애플 컴퓨터를 개발하는 데 지대한 공을 세운 컴퓨터 엔지니어 스티브 워즈니악이 함께했기에 가능했다.

이처럼 친구는 성공에 있어서 자기 믿음 또는 비전과 맞먹을 정도로 중요한 필수요소다. 의지하고 상의할 수 있는 파트너나 자신을 지지해주고 받쳐주는 서포터가 있어야만 성공의 면류관을 쓸 수 있는 것이다.

신뢰는 바위처럼 굳건하고 공감대는 물처럼 흘러야 친구가 된다

서로에게 힘이 되어주고 밀접한 관계를 유지하기 위해서는 둘 사이에 무엇이 필요할까?

둘 사이에 원활한 관계를 지속하려면 많은 것들이 필요하겠지만 다음의 두 가지만 있다면 둘 사이에 크게 문제될 것은 없을 것이다. 바로 신뢰와 공감대이다.

1. 바위보다 더 단단한 신뢰를 쌓아야 한다

상사와 부하직원 간에 신뢰가 없다면 어떻게 될까? 아마도 부하직원은 야근을 시작하기도 전에 가슴속에 불만이 꽉 찰 것이다.

"도대체 최팀장은 왜 그렇게 나를 들들 볶는 거야!"

그런 마음으로 일을 한들 제대로 되겠는가. 결국 일은 엉망이 되고 상사와의 관계는 더더욱 악화된다. 상사 역시 자신을 따르는 부하직원이 없어 외롭고 힘들게 된다. 조직이 원만하게 잘 돌아가려면 신뢰가 바탕이 되어야 한다.

친구 관계도 마찬가지다. 신뢰가 없으면 그건 언제든지 멀어질 수 있는 사이에 불과하다.

사마천은 『사기열전』에서 관중과 포숙아의 관계를 통해 '친구 간의 신뢰와 믿음은 바로 이런 것이다'라고 이야기했다.

관중은 포숙아에 대해 이렇게 말했다.

"내가 예전에 간곤했을 때 포숙아와 함께 장사를 한 적이 있는데, 이익을 나눌 때 내가 더 많이 가져갔지만 포숙아는 나를 비난하지 않았다. 내가 빈곤하다는 걸 알고 있었기 때문이다. 또 내가 일찍이 세 번이나 벼슬길에 나섰다가 세 번 모두 군주에게 내쫓기는 상황이 되었을 때도 포숙아는 나를 못났다고 생각하지 않았다. 그저 내가 아직 때를 만나지 못한 거라고 위로해주었다. 나를 낳아준 건 부모이지만 나를 알아주고 나를 믿어주는 친구는 포숙아이다."

친구가 많다는 건 좋은 일이지만 신뢰할 수 있는 친구가 있다는 건 값지고 자랑스러운 일이다. 바위보다 단단한 신뢰를 공유할 친구가 있는지 생각해볼 문제다.

2. 교집합이 될 만한 공감대가 필요하다

서로의 얼굴을 안 지는 꽤 오래되었는데 쉽게 가까워질 수 없는 경우가 있다. 물론 처음에는 서로 인사도 하고 말도 섞고 미소도 건넸을 것이다. 그런데 왜 둘 사이의 간격은 좁혀지지 않을까. 그건 바로 서로를 하나로 묶어줄 만한 공감대가 없기 때문이다.

생전 처음 만난 사람이라도 그 사람과 공감대가 형성되면 우리라는 울타리를 갖게 된다. 많은 친구들 중에도 유독 나랑 생각이나 취향이 비슷한 친구가 있다. 물질적이든 정신적이든 통하는 친구가 있다. 그런 친구라면 원활한 관계가 지속될 가능성이 크다.

지금 옆에 있는 친구와 무엇이 같고 무엇이 다른지 한번 생각해보라. 같은 것에 더욱 집중한다면 둘의 관계는 오래 지속될 것이다.

17

감사해야 할 사람을 찾아 그 마음을 표현하라

– 당신에겐 그럴 자격이 충분히 있습니다

선행은 절대로 사라지지 않는다.
예절을 뿌리는 자는 우정을 거둔다.
친절을 심는 자는 사랑을 추수한다.
감사할 줄 아는 마음에 즐거움을 심는 것은
절대로 헛수고가 아니다.
왜냐하면 일반적으로 말해서
감사를 심으면 틀림없이
보상을 얻게 되기 때문이다.

– 성 바실

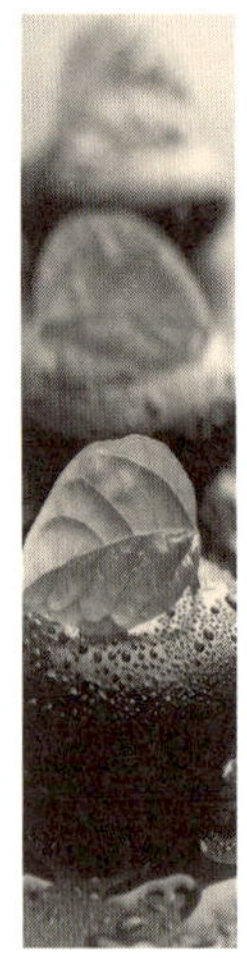

감사하는 마음을 가진 사람과 감사하는 마음이 없는 사람은 삶을 대하는 태도가 분명 다르다.

감사하는 마음을 가진 사람은 매사에 긍정적이다. 가진 게 부족해도 그만큼에 만족할 줄 알고 병들었을지라도 희망을 잃지 않는다. 작은 일이 주어진다 해도 불평하지 않고 열정을 쏟는다.

감사하는 마음이 없는 사람은 자기중심적인 생각이 강해 모든 일이 자기 위주로 돌아가지 않으면 쉽게 싫증을 내고 불평을 늘어놓는다. 설령 일이 잘 풀려 좋은 성과를 냈더라도 그것에 만족하지 않고 또다시 앞만 보고 달린다. 마음의 여유도 없을뿐더러 인생을 팍팍하게 산다.

감사하는 마음을 가진 사람과 감사하는 마음이 없는 사람은 사람을 대하는 태도에서도 차이를 보인다. 감사하는 마음을 가진 사람은 사람에 대한 신뢰와 존경과 공존의 의식을 갖고 있지만, 감사하는 마음이 없는 사람은 적대적이고 비판적이며 상대를 이용하려고만 든다.

혼자의 힘이 아닌 감사의 힘으로 살아간다

지금 당신 안의 감사의 무게와 부피는 어느 정도 되는가?

감사의 마음은 행복과 성공으로 가는 통로이며 사람과 사람 사이에 정과 관심의 강을 흐르게 하는 마력을 가지고 있다. 기회나 경험이나 상황에 대해 늘 감사해야 하지만 특히 사람에 대한 감사를 잊지 말아야 한다. 이 세상 모든 것들은 사람과 사람 사이의 관계로부터 시작되기 때문이다.

어느 정도의 지위에 오르면 사람은 거만해지기 십상이다.

부하직원이나 후배가 자신을 챙겨주는 것에 익숙해지다 보니 그런 대우를 받는 것을 당연하게 여긴다. 물론 그 자리에 오르기까지 힘든 나날을 보냈기 때문에 그 정도의 보상은 당연한지도 모른다.

그러나 그런 상황이 계속되다 보면 자칫 거만의 웅덩이에 빠질 수가 있다. 모든 일에 있어 자신의 의견이 최고라고 믿게 되고 연륜과 경력과 지위를 이용해 아랫사람들의 의견을 무시하게 된다. 그러다 보면 눈과 귀가 막혀 독단에 빠지게 되고 사람들과의 소통도 막혀 결국 좋지 못한 결과를 초래할 수 있다.

거만과 독단에 빠지기 전에 뒤를 돌아봐야 한다. 어떻게 해서 그 자리에 오를 수 있었는지. 혼자만의 힘으로 가능했는지. 저 잘난 멋에 성공했다고 생각할지도 모르지만 절대로 그렇지 않다. 나와 함께

한 사람이 있었기에 지금의 내가 있을 수 있다. 누군가가 물질적으로, 정신적으로 도움을 줬기에 가능했던 것이다.

고맙고 감사한 마음이 있다면 표현하라

감사할 사람이 있으면 감사하다는 마음을 말로 표현하라. 굳이 말하지 않아도 내 마음을 알겠거니 하고 가슴 안에 담아두지 마라. 물론 표현한다는 게 서툴다는 건 안다. 그러나 언제까지 가슴에만 담아두고 살 것인가. 표현하지 않는 감사는 감사가 아닌 것과 같다. 입 밖으로 나가지 않은 말은 땅에 뿌리지도 못한 씨앗과 같다. 땅에 씨앗을 뿌려야 꽃이 피고 열매를 맺는다.

미국에서 가장 인기 있는 강연자이자 유능한 컨설턴트인 팀 샌더스는 저서 『부의 진실』에서 감사 표현에 대한 자신의 일화를 소개했다.

그는 감사할 사람을 찾기 위해 페이스북의 친구 목록을 살펴보다가 샘 블룸이라는 사람을 발견했다. 그 사람은 샌더스에게 1977년 브로드캐스트닷컴이라는 회사에서 일할 수 있도록 기회를 준 인물이었다.

샌더스는 샘 블룸에게 직접 가서 감사의 마음을 전하고 싶었지만 샘 블룸이 거리상으로 너무나 먼 곳에 있었다. 어쩔 수 없이 그는 샘 블룸에게 마음을 담은 감사의 편지를 써서 보냈다.

며칠 후 답장이 왔는데, 그 편지의 주요 내용은 대략 이랬다.

"팀 샌더스, 당신은 운이 좋아서 직장을 구한 게 아닙니다. 당신에겐 일을 잘 해낼 수 있는 능력과 자질이 충분히 있었습니다. 이렇게 편지까지 주셔서 오히려 제가 더 감사합니다. 당신은 무슨 일이든 잘해낼 거라 생각됩니다."

감사하는 마음을 전하면 기분 좋은 피드백이 온다. 자신의 능력과 자질을 인정해주니 그 얼마나 행복한 일인가. 그로 인해 얻은 자신감은 보너스다.

감사의 마음을 함께 나누면 타인은 물론 자기 자신에게도 긍정적인 기운이 만들어진다.

지금 당신의 주위를 살펴보라. 비록 사소한 호의일지라도 그냥 넘어가지 말고 감사하다는 말을 전하라. 예쁜 포장지로 선물을 준비해놓고 그 선물을 주지 않는다면 아무 소용없다. 지금 당장 감사할 사람이 생각나지 않는다면 감사할 사람을 찾아서라도 감사하다는 말을 전하라.

"감사합니다."

이 짤막한 말 한 마디를 제대로 사용한다면 대인관계에서 놀라운 효과를 얻을 것이다. 둘 사이의 관계가 돈독해지고 아름다운 신뢰와 사랑의 꽃이 활짝 핀다.

18 마음을 열고 싶고
진심을 전하고 싶다면,
편지를 써라

왜 글을 쓰는 사람은 주변 사람들에게
좋은 인상을 줄까.
예의 바른 사람이라는 인상도 주지만
행동으로 보여주는 사람으로 인식되어 신뢰를 준다.
실제로 글을 자주 쓰는 사람이
일을 잘할 확률이 높고 감성도 풍부하다.
연장자는 경험적으로 그것을 알고 있다.

- 혼다 아리아케

친구나 지인에게 연락을 하거나 마음을 전할 때 어떤 방식을 택하는가? 시대가 시대인 만큼 메일이나 휴대전화 메시지 아니면 SNS를 통해 소통할 것이다. 하루가 다르게 진화하는 통신기기 덕분에 보다 쉽고 빠르게 정보와 의견을 나누고 공유할 수 있다.

안부 역시 이러한 기기를 통해 전한다. 그러나 그 편리함 속엔 왠지 모를 허전함이 있다. 기기를 통해 전달하는 메시지는 사람의 기분이나 감성까지 모두 담아내기는 다소 부족하다는 느낌이다. 아무리 디지털 시대이지만 그래도 사람들의 가슴은 여전히 아날로그적인 방식에 더 크게 반응하고 기분과 감성이 동요된다.

아날로그적인 기분과 감성이 살아 있는 커뮤니케이션은 뭘까?

바로 '편지'다. 화려한 기교가 아니더라도, 수려한 필체가 아니더라도 솔직함과 정성이 담겨 있다면 그것만큼 위력적인 커뮤니케이션은 없다. 손수 쓴 편지는 비록 짧은 글이라도 사람의 마음을 열게 하고, 긴 장문의 편지라도 끝까지 읽게 만드는 힘이 있다.

특히, 편지를 쓰는 일이 드문 요즘에 편지를 받으면 그 기분은 구름을 걷는 것처럼 설레고 기쁘다. 이메일이나 문자메시지의 백배쯤, 아니 그 이상일 것이다.

편지지에 적힌 글자 하나하나에 편지를 쓴 사람들의 마음이 고스란히 담겨 있다. 그 편지를 쓰기 위해 온전히 나만을 생각했다는 사실이, 나만을 위해 소중한 시간을 냈다는 사실이, 우표를 붙이고 우체통을 향했다는 사실이, 얼마나 고맙고 감격스러운 일인가.

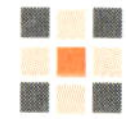

폴 마이어는 어떻게 보험세일즈 왕이 되었을까?

예나 지금이나 편지는 사람들의 마음을 열게 하는 강력한 마력을 가지고 있다.

1926년 캘리포니아 출신인 폴 마이어의 이야기다.

그는 보험회사에 입사한 지 2년 만에 400만 달러를 계약했다. 어떤 날은 하루에 150만 달러라는 엄청난 계약을 성사시키기도 했다. 27세의 나이에 그는 세계 최연소 백만장자로 기네스북에 등록되기도 했다.

그는 어떻게 보험세일즈의 왕이 될 수 있었을까? 반드시 해내겠다는 굳은 신념과 자신감이 최고의 무기였긴 하지만 또 한 가지, 전술적인 측면에서 본다면 '편지 세일즈'를 빼놓을 수가 없다.

보험세일즈란 고객의 마음의 문을 여는 일이다. 아무리 좋은 상품이고 뛰어난 입담을 지녔다 해도 고객이 마음의 문을 열지 않으면 절대로 계약을 성사시킬 수 없다. 그런 점을 잘 알았던 그는 편지로 고객에게 다가갔다.

어느 날, 한 기업의 사장이 바쁘다는 핑계를 대며 그를 만나주지 않았다. 만나기 위해 몇 번을 더 찾아갔지만 여전히 만날 수 없었다. 어떻게 하면 만남이 성사될 수 있을까 고민하던 그는 편지를 쓰기로 했다. 편지 한 통을 예쁘게 포장해 비서에게 건넸다. 그 편지에는 다음과 같이 적혀 있었다.

저는 날마다 하늘에 계신 하나님을 만납니다.
그런데 몇 번을 시도했지만 사장님은 만날 수 없었습니다.
사장님은 하나님보다 높은 자리에 계신 건가요?
제발 시간 한 번 내주세요.

머칠 후, 그는 사장을 만나 큰 금액의 계약을 체결할 수 있었고 그 사장을 통해 다른 고객도 확보할 수 있었다. 그 일을 계기로 폴 마이어는 성공가도에 진입하였다. 편지 한 통이 굳게 닫힌 사장의 마음을 열게 했던 것이다.

편지 세일즈는 폴 마이어가 활발히 활동했던 1950년대에도 유용했지만 디지털 시대인 지금까지도 유용하게 쓰이고 있다.

실제로 그것을 증명한 이가 있다. 교보생명 보험왕에 오른 지연숙 FP명예상무이다. 그는 2007년, 2010년에 이어 2012년에도 보험왕을 차지했다. 그가 최고의 영예를 얻을 수 있었던 비법은 바로 고객에게 편지쓰기였다. 그는 매달 고객에게 천 통이 넘는 편지를 직접 쓴다. 그동안 고객께 보낸 편지만 해도 10만 통을 훌쩍 넘겼다.

열 살 소녀의 편지 한 통이
냉전의 시대에 평화의 꽃을 피웠다

편지의 위력에 대해 아직도 의심을 갖고 있는가? 그렇다면 역사의 흐름까지 바꾼 편지 이야기를 들려주겠다. 편지 한 통의 위력을 수긍할 것이다.

초강대국인 미국과 소련 사이에 긴장감이 급속히 높아진 1980년대 초의 일이다. 미국에 사는 초등학생 사만다 스미스는 당시 소련 공산당 서기장 유리 안드로포프에게 다음과 같은 편지를 보냈다.

안드로포프 서기장님께.
저는 열 살인 사만다 스미스입니다. 우선 취임을 축하드립니다.
저는 러시아와 미국 사이에 핵전쟁이 일어날까 봐 걱정입니다. 왜 세계를, 적어도 우리나라를 정복하려 하는 거죠? 신은 우리에게 평화를 줬는데 왜 그것을 깨뜨리려고 하나요?

천진난만하면서도 당돌하기까지 한 이 편지는 소련 관영 일간지 프라우다에 실렸고 이어 안드로포프는 사만다에게 답장을 보냈다.

사만다, 넌 '톰 소여'의 친구 베키처럼 용기 있고 정직한 소녀 같구나.

……지금 우리는 지구상의 모든 이웃들과 무역을 하고, 협력하기를 강력히 바라고 있다. 또한 미국도 우리나라도 핵무기가 있다. 이 무기는 순식간에 수백만 명 이상을 죽일 수 있는 무기이지. 그렇지만 이것을 어느 나라에 대해서도 먼저 사용하진 않을 거야. 우리는 지구의 모든 사람을 위해 평화를 원한단다.

편지 말미에 안드로포프는 스미스를 초청한다고 전했고 스미스는 미국 정부로부터 허락을 받고 '최연소 친선대사'로서 소련을 방문하게 되었다. 스미스의 편지 한 통이 아니었다면 어쩌면 두 나라는 최악의 상황까지 치달았을지도 모른다. 열 살 소녀의 편지 한 통이 두 나라의 긴장을 완화시키는 데 큰 몫을 한 것이다.

이처럼 편지는 한 개인의 운명을 바꾸기도 하고 역사에 획을 긋기도 한다. 실로 엄청난 위력을 가지고 있지 않은가.

기적을 부르는 이 편지를 굳이 쓰지 않을 이유가 없다.

지금 당장 편지를 써라. '쑥스러운데 무슨 편지야!', '글재주가 없는데 어떻게 편지를 써!'라고 변명하지 마라. 진심만 담는다면 조금 어리숙하고 못 써도 상관없다.

감사의 마음을 표현하지 못한 사람이 있다면, 자신의 실수로 피해를 준 사람이 있다면, 진심을 전하고 싶은 사람이 있다면, 좋은 인상을 주어 호감을 얻고 싶은 사람이 있다면, 마음으로 편지를 써라. 그 편지가 분명 그 누군가의 마음을 바꿀 것이고 그로 인해 당신의 일상이, 당신의 미래가 바뀔 것이다.

19 상처가 되는 말에 절대로 무너지지 마라

상대가 어떤 말을 하든지
통제할 방법은 없다.
하지만 그 사람의 말을 어떻게 해석할지는
마음대로 결정할 수 있다.
삐딱한 말을 최고의 말로 만들 자유가 우리에게 있다.
차분하게 자신의 주관대로 생각하라.

– 바바라 베르크한

"어쩜 이렇게 멋지세요? 옷 입는 것 보면 참 감각 있으세요."

"일처리가 정말 깔끔하시네요. 그러니까 믿고 맡길 수가 있어요."

"표정이 참 좋아요. 덩달아 저까지 기분이 좋아진다니까요."

누군가에게 이런 말을 들었다면 기분이 어떨까?

당연히 기쁘다. 듣기 좋은 칭찬을 싫어하는 이는 아무도 없다. 칭찬을 듣는 순간, 엔돌핀이 샘솟고 의욕도 넘쳐나고 용기도 불끈 솟는다. 칭찬은 아무리 들어도 배부르지 않고 질리지 않는다.

아이나 어른이나 늘 칭찬받길 소망한다. 마음이 울적한 날에 듣는 칭찬은 기분전환용으로 최고다. 평소 사이가 껄끄럽거나 다소 적대적인 사람에게 뜻밖의 칭찬을 듣기라도 한다면 그 관계가 긍정적인 방향으로 급격하게 흐른다.

이처럼 칭찬은 삶의 비타민이고 고래도 춤추게 하고 인간관계를 부드럽고 아름답게 만드는 꽃이라 할 수 있겠다. 이토록 유익하고 행복한 칭찬이 이 세상에 가득하다면 얼마나 좋을까. 당신의 귓가에 와닿는 말의 전부가 칭찬이라면 얼마나 행복할까.

그런데 안타깝게도 현실은 그렇지 못하다. 양지가 있으면 그늘이 있고 낮이 있으면 밤이 있고 따사로운 봄볕이 있으면 살을 에는 겨울의 칼바람이 있는 법. 사람과 사람 사이에 오가는 말 중에도 칭찬만 있는 게 아니다. 칭찬과 대치되는 비난, 욕설, 모욕, 무시 등 부정적인 말들도 수시로 오간다.

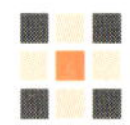

상처되는 말에 상처받지 않는 단련법이 필요하다

좋은 말만 듣고 살면 좋겠지만 그렇지 못한 게 현실이다. 나쁜 말도, 상처 되는 말도 들어야 한다.

본인이 잘못을 하지 않았더라도 사람들을 만나고 어울리다 보면 엉뚱한 오해로 아니면 아무 이유도 없이 억울하지만 상처 되는 말을 들어야 할 때가 있다.

특히, 한 분야에서 우뚝 선 사람이나 남보다 잘난 사람은 부정적인 말의 표적이 되기 쉽다. 사촌이 땅을 사면 배가 아픈 것처럼 남 잘되는 꼴 못 본다는 심리가 배면에 깔려 있다. 조금이라도 빈틈이 보이거나 잘못이 드러나면 그 사람에게 상처 되는 말들을 융단폭격하듯 쏘아댄다.

여하튼 이런 상황이다 보니 우리가 할 수 있는 최선은 상처 되는 말을 들었을 때 최대한 상처받지 않게 마음을 단련시키는 거다. 말의 상처가 마음속에서 용해되지 못하고 쌓이다 보면 그것이 스트레스가 되고 마음의 병으로 발전한다. 그게 바로 우울증이다.

우울증은 사람을 무기력하게 만들고 삶의 의욕을 빼앗아버린다. 결국 불행의 결과를 가져온다. 그러므로 상처가 되는 말로부터 자신을 보호하고 극복하는 방법이 그만큼 중요하다.

1. 범퍼카를 탄 이상 서로 부딪친다는 걸 받아들여라

앞서 말한 바와 같이 사람과 사람 사이에 좋은 말만 오갈 수는 없다. 인간관계를 맺는 그 순간부터 상처라는 화살이 수시로 가슴에 꽂힌다. 왜 이래야만 하는가에 대해 너무 깊게, 그리고 오래 생각하지 마라. 원래 그렇다. 범퍼카를 타는 순간 이미 상대방과 부딪칠 것을 예상하듯 본인이 아무리 주의해도 상대가 와서 박을 수도 있다. 물론 내가 상대에게 달려들 수도 있다.

말의 씨앗이 좋은 열매를 맺기도 하고 때론 나쁜 열매를 맺기도 한다. 이 변치 않는 사실을 인정해야 한다.

2. 문제는 내가 아니라 그 사람에게 있다고 생각하라

자기 자신은 인식하지 못하지만 은연중에 남에게 상처 주는 말을 자주 내뱉는 사람이 있다. 그 사람이 상사라면 참으로 고달프다. 듣기 싫은 말을 매일 듣는 것도 완전 스트레스다. 그렇다고 관계를 끊을 수도 없는 상황. 타인의 말에 기분은 언짢겠지만 어쩔 수 없다. 그러려니 해야 한다.

타인의 말에 내 마음이 우울해지고 아프기까지 한다면 당신은 희생자가 되고 만다. 그러니 이렇게 생각하라. 그 사람이 분명 그 자신의 문제가 있는데 그것을 풀 길 없어 당신에게 화풀이하는 것이라고. 문제는 그에게 있는 것이지 나에게 있는 게 아니라고 생각한다면 마음이 조금은 편해질 것이다. 또한 그 사람에 대해 측은한 마음도 들 것이다.

3. 진심을 솔직히 드러내 관계를 개선하라

웃는 얼굴에 침 못 뱉고 진심 앞에서 욕을 못한다. 상대가 상처 주는 말을 했다고 똑같이 받아치면 진흙탕 싸움이 되고 만다.

인간관계는 서로의 얽힌 끈을 살살 풀어가는 데 묘미가 있다. 어쩌면 서로에 대해 보다 더 깊이 알지 못했기 때문에, 진심을 한 번도 나눈 적이 없기 때문에 오해가 생기고 무시하고 상처 주는 말이 오가는 것일 수도 있다.

자기가 다칠까 봐 스스로 마음의 문을 닫고 산다면 결국 자기 자신만 손해다. 또한 스스로가 치유될 수 있는 기회를 버리는 것과 같다. 그러니 매듭은 풀어야 한다. 오해하고 상처 주고 소통하고 화해하며 성장하는 것이다.

먼저 당신의 마음속 깊은 진심을 보여라. 그러면 관계는 분명 개선될 것이다.

4. 나를 되돌아볼 수 있는 발전의 기회로 삼아라

비난과 조소와 상처 되는 말을 들었다면 일단 내 마음을 위로해줄 이를 찾아 위로를 받아야 한다. 마음이 아프고 약해질 때 자기보다 약한 사람과 대화를 하면 더 약해질 뿐이다. 그럴 때는 정신적으로 기댈 수 있는 이를 찾아가는 게 좋다.

또한 왜 내가 그런 말을 들어야 하는지에 대해 곰곰이 생각할 시간을 갖는 것도 좋다. 그러한 것들을 이겨내는 힘도 스스로 길러야 하고 묵묵한 성실함과 실력으로 극복하는 모습을 보여야 한다.

20 속이려 하지 말고 숨기려 하지 말고 정직하라

정직함은 진실을 사랑하는 마음에서 나온다.
정직함은 최고의 처세술이다.
정직만큼 풍요로운 재산은 없다.
정직은 지켜야 할 최소한의 도덕률이다.
하늘은 정직한 사람을 도울 수밖에 없다.
정직한 사람은 신이 만든 것 중 최상의 작품이기 때문이다.

– 세르반테스

“이메일 못 받았는데요.”

“갑자기 집안에 일이 생겨서 못했습니다.”

“시간이 조금만 더 있었으면 충분히 해낼 수 있었습니다.”

“처음부터 공정한 게임이 아니었습니다.”

“제가 그런 게 아닙니다. 다 저 사람 때문입니다.”

“그냥 모르는 척하는 게 좋을 것 같습니다. 조금 있으면 잠잠해집니다.”

자신에게 불리한 상황이 닥치면 사람들은 대부분 변명이나 불평을 쏟아내기 급급하다.

그 상황을 벗어나고자 거짓말도 서슴지 않는다. 그러나 변명이나 거짓말은 문제 자체를 해결하지 못할 뿐만 아니라 오히려 상황을 더 악화시킨다. 책임을 피하려고만 한다면 좋지 않은 이미지를 심어줄 뿐이다.

실수를 하거나 실력이 부족해 일을 제대로 수행하지 못했다면 차라리 솔직하게 자신의 잘못을 인정하고 진심으로 용서를 구하는 편이 낫다. 물론 이실직고하면 자존심이 상하고 때론 불이익을 당할 수도 있다. 그러나 숨기고 속이는 것보다는 솔직함과 정직으로 정면 돌파하는 게 문제를 쉽게 푸는 방법이다. 솔직함과 정직이 당장은 손해 보는 듯하나 상대에게 신뢰감을 준다는 긍정적인 측면도 있다.

솔직함으로 위기를 돌파한 리스테린과 타이레놀

마케팅 업무를 하는 사람이라면 한 번쯤은 참고했을 만한 마케팅의 고전 『마케팅 불변의 법칙』의 저자인 잭 트라우트는 솔직함과 정직의 힘에 대해 이렇게 말했다.

"사람들은 누가 자신의 약점을 먼저 내보이며 솔직한 제스처를 취하면 그 태도만으로도 신뢰를 보내곤 한다. 속이는 것보다 솔직한 게 오히려 더 큰 힘을 발휘한다."

솔직함으로 위기를 돌파한 P&G와 존슨앤드존슨의 사례는 참고할 만하다.

1. 리스테린의 광고

P&G가 야심차게 내놓은 구강청결제인 스코프는 '좋은 맛'이라는 콘셉트로 대대적으로 광고를 했다. 또한 구강청결제의 제왕으로 불리는 리스테린의 맛이 형편없고 약냄새가 난다며 비방에 가까운 광고를 냈다.

그때 리스테린은 상대의 공격에 대응하지 않았다. 오히려 그 공격을 역이용했다. '우리 제품의 맛은 그다지 끔찍하지 않다'라고 변명에 가까운 광고가 아닌 다음과 같은 광고를 냈다.

“당신이 하루에 두 차례씩이나 싫어하는 맛 – 리스테린!”

리스테린의 맛이 형편없다는 사실을 인정한 것이다. 리스테린의 솔직한 광고는 소비자들에게 리스테린에 대한 더 많은 신뢰를 갖게 하는 계기가 되었다.

“그래, 약냄새가 역겹긴 하지만 세균만큼은 확실히 죽일 거야.”

솔직함이 위기를 넘기는 데 큰 역할을 한 셈이다.

2. 타이레놀의 대응

1982년 9월 30일 수요일 아침, 시카고에서 존슨앤드존슨이 만든 해열진통제 타이레놀을 먹은 야누스라는 사람이 죽는 사고가 발생했다. 같은 날 야누스 씨 동생 내외도 그 약을 먹고 이틀 후에 사망하였다. 그 후로 주말까지 네 명이 더 죽었다. 이 사건으로 세상은 발칵 뒤집혔다.

존슨앤드존슨 측은 신속하게 대응했다. 원인이 규명될 때까지 타이레놀을 복용하지 말라고 대대적인 홍보를 전개했다. 그리고 시카고뿐만 아니라 전국에 산재되어 있는 문제가 없는 타이레놀 제품까지 모두 거둬들었다.

한편 사고원인조사도 동시에 진행되었다. 수사당국은 어느 정신이상자가 타이레놀 캡슐 안에 독극물을 넣은 후, 약국 선반에 몰래 올려놓은 걸로 결론을 내렸다.

존슨앤드존슨 측에 직접적인 잘못이 없다는 게 밝혀진 상황이었지만 짐 버크 회장은 "타이레놀의 장래보다는 소비자들의 안전이 더 중요합니다. 소비자를 보호할 수 있는 모든 방법을 동원할 것입니다"라고 정직하고 책임감 있는 모습을 보였다.

이 솔직함은 소비자에게 타이레놀에 대한 신뢰도를 높이는 데 큰 역할을 했다. 그해, 매출이 바닥으로 떨어졌지만 이듬해 매출은 다시 원래대로 회복되었다.

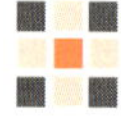

솔직함과 정직이 더 오래 살아남는다

기업이나 사람이나 완벽할 순 없다. 본의 아니게 실수를 해 일을 망칠 수도 있고 실패로 인해 사람들에게 실망감을 안겨줄 때도 있다. 문제는 그 다음이다.

"제가 부족한 탓입니다. 제 잘못입니다. 앞으로는 그러지 않겠습니다"라고 깨끗이 인정하면 동정과 격려와 새로운 기회를 얻을 수 있다. 그러나 끝까지 변명을 늘어놓고 책임을 회피하면 돌아오는 건 비난밖에 없다.

거짓과 속임수는 잠깐은 진실을 덮을 수 있지만 결국 다 드러나게 마련이다. 괜히 호미로 막을 것을 가래도 막아야 하는 사태가 오고 만다. 솔직함을 보이는 것이 장기적으로 봤을 때 오히려 유리하다.

아예 단점이나 결함을 전면에 내세운 마케팅으로 성공한 경우도 있다. 상품에 결함이나 단점이 있으면 숨기기 급급한데 네델란드의 한스 브링커 버짓 호텔은 그것을 세일즈 포인트로 활용했다.

이 호텔은 이런 식으로 광고를 냈다.

- 아무 때나 직원이 청소하러 객실로 들어갈 수도 있습니다. 쉬는데 놀라게 해서 죄송합니다.
- 침대 매트리스만 하나 덩그러니 놓여 있는 사진을 넣고 거기에 천연덕스럽게 이런 카피를 적어놓았다. '여기는 당신의 집입니다.'
- 우리 호텔은 더 이상 나빠질 게 없습니다. 커튼을 젖혀봐야 건물에 가려 볼 수 있는 게 하나도 없습니다. 전망 좋은 방 같은 건 기대도 하지 마세요.

일반 호텔에서 흔히들 광고하는 안락한 휴식이나 최상의 서비스가 제공된다는 내용은 하나도 없다. 오히려 깔끔하지 않고 거울과 화장대도 없고 허름하며 불편함을 강조했다. 호텔로서의 장점이라곤 찾아볼 수가 없는 것이다.

그런데 이런 최악의 호텔을 누가 이용할까 싶지만 놀랍게도 이 호텔은 성업 중이다. 이런 단점이 오히려 저렴한 가격을 부각시키는 효과를 가져온 것이다. 돈이 그리 넉넉하지 못한 배낭여행족이나 알뜰 여행객에게는 이 호텔이 딱 제격이다. 괜히 고급스러운 장식이나 서비스 등으로 가격만 비싼 호텔보다는 훨씬 더 실용적이고 경제적이다.

데일 카네기는 이렇게 말했다.

"어떤 바보도 자신의 실수는 변명할 수 있다. 아무리 바보라도 그렇다. 그러나 자신의 실수를 인정하는 사람은 군중 속에서도 자신의 존재를 돋보이게 할 수 있을 뿐만 아니라, 스스로 고귀함과 열정적인 기쁨도 느낄 수 있다."

인생은 의외로 길다. 눈앞에 보이는 것만 생각하지 말고 멀리 보라. 결국 정직과 솔직함이 더 오래 살아남는다는 걸 기억하라.

Chapter  4

열심히 생활하고 힘차게 나아가라.
'그렇지만'이라든지,
'만약'이라든지,
'이런 이유 때문에……,'
이런 말들을 앞세우지 마라.
이런 말들을 앞세우지 않고
묵묵히 전진하는 것,
그것이 승리의 제1조건이다.

– 나폴레옹

뜨겁게 타오르지
않는 심장은
고철덩어리에
불과하다

무모하리만큼 강한 자신감을 발휘하라

– 교수님, 제가 당신을 고용하겠습니다

심지어 모든 사람이 무모하거나
터무니없다고 비난할지라도
자신만은 스스로를 확고히 믿는다면
무슨 일이든 충분히 해낼 수 있다.

– 오리슨 스웨트 마든

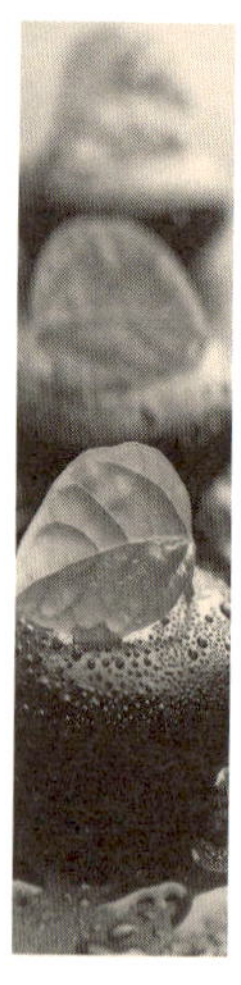

고분고분한 성격, 적당한 타협, 조심스러운 태도 등은 인간관계에 있어서 적을 두지 않는 좋은 방법이다. 주변 사람들에게 적개심을 불러일으킬 일도 없고 조롱을 받을 이유도 없다. 한마디로 무난하다.

그러나 이러한 것들은 현재의 상황을 유지하는 데는 도움이 될지 모르지만 발전을 하는 데는 그리 큰 도움이 되지는 않는다.

성공한 사람들을 보면 대개 적극적이고 과감하며 지독한 고집쟁이들이다. 한마디로 신념에 찬 절대적인 자신감으로 똘똘 뭉쳤다.

자신감은 모든 성공의 토대가 된다. 가진 것이 없고 열악한 환경이라도 자신감만 있으면 여전히 성공 가능성은 있다. 자신감이 단하나의 목표에 전념할 수 있게 해주고 주저하는 마음 없이 앞으로 나아갈 수 있는 추진력을 뒷받침해주기 때문이다.

이런 정신병자가 있나!

하늘에 가닿을 정도로 자신감 하나는 끝내주는 인물이 있다. 바로 일본의 대부호, 소프트뱅크의 손정의 회장이다.

그가 미국 유학생활을 했을 때의 일이다. 열아홉 살때 미국으로 건너간 그는 UC버클리에서 경제학을 공부했다. 당시 아버지가 쓰러진 상황이었기에 집에서 보내온 학비를 받아쓴다는 게 여간 부담이 아니었다.

그래서 나름대로 돈을 벌 궁리를 했다. 바로 '5분 아이디어 투자'를 시작한 것이다. 그는 매일 하루 5분을 할애해 성공 아이템을 구상했다.

"그래, 비록 오 분이지만 이 시간이 쌓이고 쌓이면 세상을 바꿀 만한 최고의 발명품이 나올 거야."

그는 하루도 거르지 않고 아이템을 쏟아냈다. 얼마 되지 않아 아이디어 노트에 250개가 넘는 아이템을 채우게 되었다. 그중 특허를 낼 만한 가장 똘똘한 아이템을 골랐다. 그건 바로 일본어 키보드를 누르면 영어 발음이 나오는 '전자음성 번역기'였다.

하지만 그에게는 그 아이템을 제품으로 만들 엔지니어링 지식이 부족했다. 그러나 그는 주저하지 않았다. 다짜고짜 공대의 포레스터 모더 교수를 찾아간 것이다.

"교수님, 저에게 굿 아이디어가 있습니다. 그렇지만 그것을 만들 기술력이 없습니다. 그러니 도와주십시오. 절 위해 팀을 꾸려주십시오. 제가 교수님을 고용하겠습니다."

손정의의 제안에 모더 교수는 얼굴이 붉으락푸르락해졌다.

"지금 나하고 장난해? 학생, 미쳤어?"

모더 교수는 처음에는 손정의의 제안에 황당해하고 불쾌해했지만 그의 제안서를 꼼꼼히 검토한 후, 결국 제안을 받아들였다.

손정의는 그 아이디어와 제품을 일본의 종합가전기업인 샤프전자에 높은 금액을 받고 팔았다.

만약 손정의에게 무모한 자신감이 없었다면, 예의를 지키느라 모더 교수를 찾아가는 걸 망설였다면 그의 아이디어는 제품으로 탄생하지 못한 채 그저 머릿속에서만 맴돌다 사장되었을 것이다.

자신감을 장전하라

보통 사람들은 자기가 하고자 하는 일이 있으면 일단 자기 의심부터 시작한다.

'과연 내가 할 수 있을까?'

'나는 안 될 거야.'

그런 의심은 일을 시작하기도 전에 주저하게 만들고 결국 자기가 하고자 하는 일을 못하게 만든다.

자신감만 있다면 능력 이상의 것도 해낼 수 있다. 그러나 자신감이 없다면 능력은 아무짝에도 쓸모가 없다. 성과를 내고 성공을 이뤄내기 위해선 때로 무모할 만큼의 강한 자신감이 필요하다.

강한 자신감을 가진 사람을 보면 어떠한가? 버릇없고 무례하다고 느껴질지 모르지만 끝내는 그 사람에게 매료되게 돼 있다. 사람들은 자신감과 추진력을 갖춘 사람을 좋아하고 그 기운을 함께 공유하길 원하기 때문이다.

지금 가슴에 손을 얹어보라. 당신은 어떠한가?

자신감의 마그마가 펄펄 끓고 있는가? 언제라도 터질 수 있는 강한 자신감을 갖고 있는가?

자신의 능력을 의심하지 말고 장애나 환경에 굴복하지 않고 자신의 신념을 끝까지 밀고 나아갈 자신감을 갖길 바란다.

마지막으로 심리치료사 에밀 쿠에가 남긴 말을 전한다.

"인간이 할 수 있는 일이라면 무엇이나 할 수 있다는 마음만 갖는다면, 설사 어떤 고난에 처한다 해도 언젠가는 반드시 목표를 달성할 수 있다. 이것과 반대로 아주 단순한 일일지라도 자기에게는 무리라고 생각한다면, 기껏 두더지가 쌓아올린 흙더미에 지나지 않는 일도 태산처럼 보인다."

22 자발적인 동기부여로 좋은 성과를 이뤄라

– 내 일은 내가 알아서 할 테니 이제 시키지 마

나는 세상을 바꾸고 싶었다.
그러나 내가 알게 된 것은
우리가 확실하게 바꿀 수 있는 건
우리 자신뿐이라는 사실이다.

– 헉슬리

어느 회사의 영업부 직원 A씨가 연말에 판매왕으로 뽑혀 회사로부터 큰 상과 보너스를 받았다. 상사와 동료로부터 축하인사를 받은 A씨는 기분이 좋은지 얼굴이 상기되어 있었다.

잠시 후, 회사 홍보실에서 여직원이 카메라를 들이대며 간단한 인터뷰 요청을 했다. A씨는 흔쾌히 허락했다. 여직원은 A씨와 이런저런 얘기를 나눴다. 그리고 인터뷰 말미에 여직원이 A씨에게 물었다.

"모든 사원들이 가장 궁금해하는 마지막 질문이 남았습니다. 어떻게 하면 당신처럼 판매왕이 될 수 있을까요? 그 방법이 뭔가요?"

A씨는 미소를 머금은 채 말했다.

"특별한 방법은 없습니다. 다만 자발적인 동기부여가 강했다고나 할까요?"

"자발적인 동기부여? 그게 뭐죠?"

A씨는 진지한 표정으로 말했다.

"해마다 10월이면 임원들은 내년도 총매출 목표를 정합니다. 그러면 각 팀별로 그 목표를 배분받고 또 팀장들은 각 팀원에게 목표를 배분해줍니다. 저도 늘 팀장으로부터 목표치를 배분받았죠. 그런데 이번에는 그러지 않았어요. 제 스스로 목표치를 정했죠. 그랬더니 마음가짐이 달라졌고 보다 더 적극적으로 변하기 시작했습니다. 그 결과가 판매왕으로 나온 거죠. 목표를 스스로 정한 것, 그게 판매왕이 된 비법의 전부입니다."

내적 동기부여와 외적 동기부여

먼 바다를 항해하는 배가 어느 항구로 가겠다고 미리 목적지를 정하지 않는다면 어떻게 될까? 조그마한 풍랑에도 겁을 먹고 되돌아오거나 아니면 여기저기 떠다니다 난파당하고 만다.

동기부여가 있고 없고는 성공과 실패를 판가름하는 중요한 요소이다. 동기부여는 성공적으로 이끌어주는 엔진과도 같다. 따라서 일에 대한 성과를 내기 위해서는 그 일에 착수하기 전에 마음속에 동기부여가 있어야 한다. 하고자 하는 확실한 동기부여가 없다면 좋은 성과를 내기란 어렵다.

사람들의 의지를 갖게 하고 행동을 유발하는 동기부여, 그 동기를 부여하는 과정은 어떨까?

크게 내적內的 동기부여와 외적外的 동기부여로 나뉜다.

"올해는 기필코 자동차 백 대를 팔고 말 거야."

"이번 프레젠테이션에서 광고주를 단번에 설득하기 위해 맹연습을 하겠어."

"면접에서 발생할 수 있는 경우의 수를 대비해서 여러 각도로 철저히 준비할 거야."

168

이와 같이 내적 동기부여는 본인 스스로 어떤 목표나 과제를 성취하고자 계획하고 실천하는 자발적 동기를 말한다.

반면 외적 동기부여는 본인의 의지보다는 외적인 상황, 즉 경쟁이나 상벌賞罰에 의해 생기는 동기를 말한다. 이를테면 이런 경우다.

"김 과장, 이번에도 실적이 좋지 않으면 더 이상 회사 다닐 생각하지 마."

"이번 경기에서 활약 못하면 대표 선발은 날아가는 줄 알아."

"마지막 기회를 줬으니까 잘해. 더 이상 봐주는 건 없어!"

내적 동기부여와 외적 동기부여 둘 다 목표와 성과를 이루는 데 필요한 자극제임에 분명하다. 실질적으로 내적 동기부여이든 외적 동기부여이든 목표와 성과를 내는 데 도움이 되곤 한다. 그런데 그 목표와 성과를 이룬 후에 느끼는 감정은 다소 차이가 있다.

내적 동기부여로 목표치를 완성했을 때 느끼는 감정은 내 스스로 해냈다는 강한 성취감에서 오는 '기쁨'의 감정이다. 그러나 외적 동기부여는 목표치를 완성했을 때 느끼는 감정으로 기쁨과는 좀 다르다. 다행히 실패하지 않아 벌이나 불이익을 받지 않았거나 남들보다 뒤처지지 않았다는 '안도감'에 가깝다.

물론 이렇게 말하는 사람도 있을 것이다. 동기부여의 시발점이 내부이든 외부이든 결과가 좋으면 다 좋은 게 아니냐고. 그러나 꼭 그렇지만은 않다.

당신은 지금 당신 삶의 주인인가?

미국 로체스터대학교의 심리학 교수인 에드워드 데시는 1969년 부터 나무블록 퍼즐을 이용한 실험을 한 바 있다.

아무 보상 없이 자기가 하고 싶어서 퍼즐을 하는 A집단과 어느 정도의 보상을 주고 퍼즐을 하도록 시킨 B집단으로 나눠 일정 시간 동안 퍼즐을 하게 했다.

시간이 경과한 후, A집단은 쉬는 시간에도 계속 퍼즐을 풀었지만 B집단은 보상이 끝났기 때문에 더 이상 퍼즐을 풀려 하지 않았다.

결국, 외적 동기부여가 아니라 스스로 만들어낸 내적 동기부여가 더 오래가며 좋은 결실을 맺을 가능성이 크다는 말이다.

당신은 지금 당신 삶의 주인인지 묻고 싶다.

지금 당신은 누군가의 조종을 받고 움직이고 있는가 아니면 스스로의 의지에 의해 움직이고 있는가. 이왕 무언가를 할 거라면 타인의 지시에 의해, 혹은 타인의 기대에 맞추기 위해 억지로 하기보다는 자기 스스로 계획하고 실천하고 성취하는 그런 마음자세를 가져야 할 것이다.

당신의 선택은 당신의 몫이고 당신의 인생은 당신의 것이니까. 그래야 오늘과 다른 미래를 살 수 있으니까.

이왕 할 거라면 미적거리지 말고 적극성을 가져라

– 맨 앞줄에 앉아 질문하는 자는 참으로 예뻐 보인다

좋은 환경을 수동적으로 받아들이기보다
가치 있는 활동에
적극 참여하고 목표를 향해 갈 때
더욱 행복해진다.

– 데이비드 마이어스

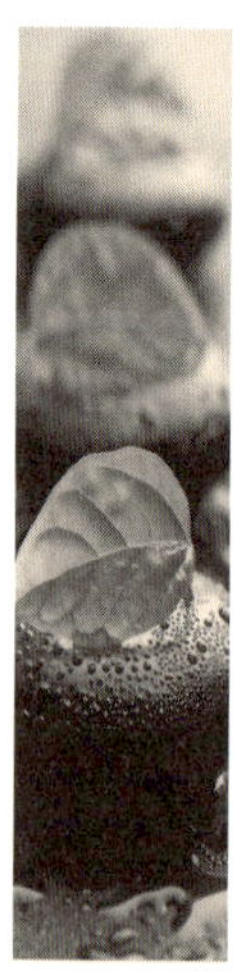

당신이 한 기업의 마케팅부 임원이라고 하자. 그리고 지금 당신은 면접관이다. 당신 앞에 입사를 원하는 네 명의 면접자가 서 있다.

면접자 A는 이력서를 들고 왔다.

면접자 B는 이력서와 자기소개서를 들고 왔다.

면접자 C는 이력서와 자기소개서 그리고 신제품에 대한 모니터를 들고 왔다.

면접자 D는 이력서와 자기소개서와 신제품에 대한 모니터 그리고 신제품과 유사한 제품을 갖고 있는 해외기업의 마케팅 유형을 분석해왔다.

당신은 이 네 명의 면접자 중에 누구를 직원으로 채용하겠는가? 당연히 면접자 D를 채용할 것이다.

사람들은 적극성을 띤 사람을 좋아한다. 적극적인 사람은 대부분 열정적이고 자신감이 넘치며 또한 주위 사람들에게 좋은 기운을 전한다.

실제로 인력채용에 있어 가장 중요한 기준이 '적극성'이라는 조사 결과도 있다. 채용정보사이트 파워잡은 기업 인사담당자 1,084명을 대상으로 "인재채용 시 가장 중요한 기준이 무엇인가"라고 물었다.

그 질문에 응답자 27.7퍼센트가 '적극성'이라고 답했다. 적극성을 1위로 뽑은 것이다. 그리고 '성실성'과 '직무능력', '인간성' 등이 그

뒤를 이었다.

393통의 편지로 인생을 바꾼 사나이

스펙과 능력을 쌓는 것도 중요하지만 적극성 역시 꼭 필요한 요소이다. 그냥 지나쳐갈 인생의 기회를 놓치지 않고 끌어당기는 힘이 바로 적극성이다. 하겠다는 의지가 강하고 능동적으로 행동하며 뭔가를 알고자 하는 호기심이 강하면 일단 후한 점수를 받는다.

적극적인 사람에게는 늘 기회가 따르고 그 스스로도 기회를 만들어간다. 반면 소극적인 사람은 자신의 능력이나 재능을 스스로 깎아먹는다. 남의 성공만 뒤늦게 쫓게 된다.

적극적인 자세로 새로운 인생노트를 쓴 인물이 있다.

미국의 경제공황으로 나라 전체가 뒤숭숭했던 시절, 월터 하비라는 젊은이는 직장을 구하기 위해 백방으로 돌아다녔다. 그러나 직장을 구하기가 여간 어렵지 않았다.

"휴, 도대체 왜 이렇게 힘든 거야."

그렇다고 이대로 포기할 순 없었다. 그는 자신의 존재를 알리기 위해 편지라도 써야겠다고 생각했다. 그래서 뉴욕에 본사를 둔 393개의 약국 체인점들에 393통의 편지를 쓰기 시작했다.

174

이제나저제나 연락이 오기를 목이 빠져라 기다렸지만 연락은 오지 않았다. 그는 보다 더 적극적인 방법을 찾았다. 바로 입사지원서를 들고 약국 본사로 찾아간 것이다.

"안녕하세요. 저는 월터 하비입니다."

그러자 직원이 그를 반갑게 맞이했다.

"아, 바로 당신이군요. 그렇지 않아도 당신을 만났으면 했습니다. 당신이 보낸 삼백구십삼 통의 편지를 모두 다 봤습니다."

결국 그는 본사에 취직하였고 훗날, 최고 관리직에까지 올랐다.

손해 보는 일이 아니라면 주저할 필요 없다

클레멘트 스톤은 열여섯 살, 어머니를 따라다니며 보험 판매를 시작했다.

"스톤, 저 건물 보이지?"

"예."

"저 건물 안에는 너를 기다리는 고객들로 가득하다. 자, 가서 보험상품을 한번 판매해보렴."

경험이 없는 스톤은 어쩔 줄 몰라 했다. 가슴이 두근거리고 다리가 후들거렸다. 주위를 둘러보니 어느새 어머니는 사라지고 없었다.

스톤은 크게 숨을 들이켰다. 마음을 진정시킨 후, 두 주먹을 불끈

175

쥐었다.

"그래, 나에게 손해되지 않는 일이라면 주저할 필요 없어. 좋아, 해보는 거야."

스톤은 건물 안으로 들어갔다. 그날, 그는 사무실 전체를 돌아다녔고 두 사람에게 보험을 팔았다. 초라한 성적이었지만 그래도 처음 상황에서 대단한 성과였다.

스톤은 다음 날에는 보다 더 적극적으로 고객을 만났다.

이번에는 네 건. 시간이 지날수록 실적이 점점 향상되었다. 방학이 끝나갈 무렵에는 하루 열 건도 거뜬히 해냈다.

스무 살 무렵, 그는 시카고에 '에이온 코퍼레이션'이라는 보험중개회사를 차렸고 열심히 뛰어다녔다. 사업은 나날이 번창했고 급기야는 하루 122건 판매라는 놀라운 기록을 세우기에 이르렀다.

그 후, 경제공황을 겪으면서 시련도 있었지만 모든 일에 늘 적극적인 자세로 덤볐던 그는 마침내 1938년 말, 억만장자 대열에 합류했다. 그의 보험사는 미국 보험업계의 전설이 되었다.

적극적인 나로 태어나는 오늘

팔짱만 낀 채 관망만 하는 사람은 앞으로 나아갈 수 없다. 소극적인 자세로 방어하기에 급급한 사람은 남보다 뒤처지게 마련이다.

누구나 보다 나은 내일을 꿈꿀 것이다. 그렇다면 방법은 하나다. 지금까지 충분히 생각했으니 이제 그 생각을 행동으로 옮기는 거다. 그 행동에는 확신이 있어야 하고 또한 적극성이 녹아 있어야 한다. 하지 않을 거라면 빨리 때려치우는 편이 낫지만 이왕 할 거라면 적극적으로 임하는 게 좋다.

일단은 아래 세 가지부터 시작해보자.

❶ 인사나 전화를 남보다 먼저 하자.
❷ 맨 앞줄에 앉아 경청하고 질문도 하자.
❸ 남들이 꺼려하는 일을 과감히 하자.

시작이 반이라는 말이 있듯이 이 세 가지를 하고 나면 모든 면에서 점점 적극적인 사람으로 바뀔 것이다. 성공과 적극성을 따로 떼어서 생각할 수 없는 만큼, 성공을 하고자 한다면 적극적인 사람이 되어야 함을 잊지 말자.

24 그 상황에서 할 수 있는 최선을 다 보여라

— 현빈이 당신에게 묻는다. '이게 최선입니까?'

우리 자신을 어떻게 알 수 있을까?
그것은 생각을 통해서가 아니라
행동을 통해서다.
자신에게 주어진 일을 해보라.
그러면 자신이 누구인지 금방 알게 된다.

— 괴테

2010년 연말, 대한민국 시청자들은 드라마 '시크릿가든'에 푹 빠졌다. 특히, 배우 현빈에게 '현빈앓이'를 할 정도로 그의 매력에 사로잡혔다.

'김주원'이라는 재벌 2세 역할로 나온 현빈은 도덕과 교양을 갖춘 보통의 오피니언 리더와는 달리 극에서 조금 삐딱한 캐릭터로 나온다. 당시 그가 입은 옷, 그가 한 행동, 그가 한 대사 등 모든 것이 유행하였는데 특히 그가 남긴 대사 중에 머릿속에 오래 남을 만한 최고의 유행어가 있었다.

부하직원이 그에게 결재를 받으러 올 때 그가 부하직원에게 날리는 멘트가 바로 그것이다.

"이게 최선입니까? 확실해요?"

그 질문에 부하직원은 늘 자신 있게 대답하지 못하고 멋쩍은 표정을 짓는다.

현빈의 질문에 과연 '예' 하고 대답할 자가 몇 명이나 될까?

당신은 어떠한가?

지금 이 순간 최선을 다하고 있는지, 살아온 날을 되돌아봤을 때 최선의 삶을 살았는지 점검할 필요가 있다.

훈련하다가 이대로 죽을지도 몰라

1976년 7월의 일이다. 제21회 올림픽이 열리고 있는 캐나다 몬트리올 체조경기장에 키 153센티미터, 몸무게 39킬로그램의 작은 소녀가 있었다. 소녀는 긴장한 표정을 숨긴 채 미소를 지으며 이단평행봉 경기에 임했다. 나비처럼 자유자재로 날아다니는 소녀의 몸짓을 보며 관중들은 입을 다물지 못했다. 착지 역시 완벽했다.

경기를 마친 소녀의 시선은 경기점수 결과가 나오는 전광판에 고정되었다. 드디어 전광판에 점수가 올라왔다. 그런데 납득할 수 없는 결과가 나왔다. 완벽한 경기였는데 점수가 고작 1.00이었다. 코치는 심사위원들에게 거세게 항의했다. 그러자 한 심사위원이 다음과 같이 말했다.

"진정하세요. 일 점이 아니라 십 점입니다. 십 점 만점입니다. 전광판은 구 점 구구까지만 표기할 수 있어 부득이하게 일 점 영영으로 표시한 것입니다."

세계 최초로 심사위원 전원에게 10점 만점을 받은 것이다. 이후, 소녀의 놀라운 기록은 계속되었다. 여섯 번이나 더 10점 만점을 받았다.

10점 만점의 주인공은 바로 루마니아 체조선수 '나디아 코마네치'다.

코마네치가 그 최고의 자리까지 오를 수 있었던 건 혹독한 훈련을 견뎌냈기 때문이다. 소녀는 하루 평균 여덟 시간 이상의 훈련을 했고 유연한 몸을 만들기 위해 식사도 엄격히 조절했다.

어느 날, 한 기자가 코마네치에게 물었다.

"당신의 경기는 한 편의 예술작품과도 같습니다. 참으로 대단한데, 어떻게 그런 기술을 갖출 수 있는 겁니까?"

기자의 질문에 코마네치는 이렇게 대답했다.

"훈련하는 매 순간마다 최선을 다했습니다. 훈련받다가 죽을 수도 있겠다는 생각까지 할 정도로 최선을 다했습니다."

최선을 다한다는 게 그리 쉬운 일이 아니다. 최선을 다한다는 것은 고통과 수고를 동반하기 때문이다. 대부분 사람들이 고통과 수고를 피하려 하지 그걸 감당하려 하지 않는다. 그렇기 때문에 어떤 일이 닥치면 적당히 넘기려 하고 상황을 피하려고만 한다. 그러면서도 최고가 되고자 하는 이중적이고 이기적인 마음을 갖고 있다.

분명한 사실은 최선을 다하지 않는 이상 누구도 최고가 될 수 없다는 것이다.

한 번도 걸어서 1루까지 간 적이 없다

성공한 사람들은 그 어떤 상황에서도 자신이 끌어올릴 수 있는 최고의 열정을 아낌없이 쏟아붓는다는 공통점이 있다.

한 예로 프로야구선수 양준혁이 그렇다. 그는 한 언론과의 인터뷰에서 이렇게 말한 바 있다.

"그저 일 루까지 열심히 뛰었던 선수로 기억되고 싶다. 난 지금까지 야구를 하면서 한 번도 걸어서 일 루까지 간 적이 없다."

그는 아웃될 게 뻔한 평범한 내야 땅볼을 쳐도 1루를 향해 죽기 살기로 전력질주한다. 그렇게 매순간 최선을 다했기에 그는 야구의 신으로 불릴 수 있었다.

대부분의 사람들은 매 순간 최선을 다하기보다는 결정적인 기회가 찾아올 때만 온힘을 쏟으려 한다. 물론 그렇게라도 기회를 붙잡으면 다행이겠지만 그런 태도로는 좋은 결과를 얻을 수 없다.

모든 일에 있어서 최선의 자세로 부딪치다 보면 보다 나은 방향으로 나아갈 수 있는 요령이 생긴다. 그 요령이 쌓이다 보면 인생의 기회를 만날 수 있다. 좋은 기회가 오면 그때 또 최선을 다하면 된다.

안철수 교수는 한 언론인과의 대담에서 이런 말을 주고받았다.

언론인이 안 교수에게 물었다.

"앞으로 이십 년 후, 안 교수님은 어떤 이미지로 남고 싶습니까?"

언론인은 안철수에게 개인적인 비전에 대해 질문을 한 것이다. 그런데 안철수는 이렇게 대답했다.

"앞으로 이십 년 후요? 그런 것 없어요. 최선을 다해서 열심히 사니까 좋게 봐주시는 것이죠."

　질문에 대한 명쾌한 답변은 아니었지만 여하튼 그 답변은 새겨둘 만하다. 최선을 다하는 삶이 곧 비전이라는 얘기다.

　당신도 최고가 되고 싶은가? 왜 나는 최고가 아닐까, 하는 생각에 한숨 쉰 적이 있는가? 최고가 되고 안 되고는 결국 자발적인 선택과 결단의 문제이다. 지금 최선을 다하고 있는가에 대한 질문에 이제 당신이 답할 차례다.

25 시작의 시점을 정하려고 괜한 시간을 낭비하지 마라

꿈을 품고 무언가 할 수 있다면
작은 일이라도 시작하라.
새로운 일을 시작하는 용기 속에
당신의 천재성과 능력과 기적이
모두 들어 있다.

– 괴테

한비야 작가는 한 강연에서 대략 이렇게 말했다.

"인생을 축구로 보자면, 30대, 전반전 30분 뛰고 있는 선수잖아요. 전반 30분 뛰고 질 것 같다고 포기하는 선수가 어디 있나요? 여러분, 20대에 해야 할 일, 무슨 리스트, 이런 것에 절대 속지 마세요. 사람마다 끓는점이 따로 있어요. 각각의 끓는점이 다른데 그깟 리스트에 맞춰보고 늦었다고 합니까? 적어도 수요일 일곱 시, 여기 앉아 있는 열정을 가진 여러분은 그러지 말아요. 여러분의 열정이 어떤 일을 해낼 수 있을지 궁금하지 않아요? 자신과 정면 대결해보세요. 정말 할 수 없는 일일까? 핑계나 어리광을 부리고 있는 건 아닌가? 힘이 없어서 안 될 것 같으면 힘을 키우면 돼요. 우린 매일매일 진화하고 책을 읽는 사람이잖아요. 매일 뭔가 노력하는 사람인데, 한계라는 것, 언젠가 넘어설 힘이 생기지 않을까요?"

한비야, 그녀의 말이 옳다. 그녀의 말처럼 뭔가를 해야겠다고 생각한다면 주저하거나 망설이지 말고 즉시 실행해야 한다.

물론 자신의 생각이나 꿈을 현실에 적용하기란 쉽지 않다. 실패가 두렵기도 하고, 일을 한 후 손해를 보지 않을까 고민스럽기도 하고, 지금 시작하기엔 너무 늦은 건 아닐까 걱정되기도 한다.

그러나 이렇게 할 수 없는 핑곗거리를 찾다 보면 계획한 생각과 꿈은 머릿속에서만 머물고 행동으로 이어지지를 않는다. 결국, 생각과 꿈은 물 건너가고 만다.

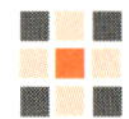

처음에는 초라했지만 나중에는 창대하리라

성공한 사람들은 생각이 있으면 그 생각이 달아나기 전에 재빨리 행동으로 옮긴다. 하지만 실패하는 사람은 온갖 핑곗거리를 찾아내 행동하기를 주저한다.

당신은 분명 성공을 원할 거다. 그렇다면 일단 실행으로 옮겨라.

처음부터 많은 성과를 얻을 거라는 기대는 하지 마라. 누구나 처음에는 다 초라하다. 그렇지만 시작이 반이라는 말이 있듯 한번 시작하면 일이 의외로 쉽게 풀릴 수 있다.

하늘을 나는 비행기를 만든 라이트 형제도 처음부터 성공을 한 게 아니다. 비행기를 처음 만들어 날렸을 때는 공중에 고작 12초를 머물다가 떨어졌다. 종이비행기보다 더 못한 기록이었다.

최초로 만든 자동차 역시 처음엔 초라하기 짝이 없었다. 마차와 함께 달리면 오히려 자동차보다 마차가 더 빠를 정도였다.

왜 주저하는 거니? 100살부터 시작해도 늦지 않아

뭔가를 시작하는 데 여전히 망설임이 있다면 시바타 도요 할머니의 이야기를 들어보자. 큰 용기가 날 것이다.

할머니는 1992년 남편을 먼저 하늘로 보내고 일본의 작은 시에서 '독거노인'으로 홀로 살아왔다. 취미로 전통무용을 하고 있었는데 허리를 다치는 바람에 취미 생활도 할 수 없게 되었다.

80세의 나이, 할머니는 할 수 있는 게 하나도 없었다. 그저 죽음을 기다리는 게 전부였다. 그러던 어느 날, 아들이 시를 한 번 써보라고 권유했다. 이 나이에 무슨 시냐며 처음에는 고개를 저었지만 며칠이 지나니 할머니의 마음에 뭔가 뭉클함이 생겨났다.

"그래, 이 나이가 어때서! 늦었다고 생각할 때가 가장 빠르다고 했잖아."

할머니는 망설이지 않고 바로 펜을 들고 시를 쓰기 시작했다. 간간이 산케이신문의 독자 투고란에 자작시를 보내기도 했다. 그 후, 10년 동안 꾸준히 시를 썼다.

마침내 99세가 되던 해, 할머니는 자신의 장례비용으로 모아둔 백만 엔을 털어 첫 시집 『약해지지 마』를 출판했다.

그런데 기적과도 같은 일이 벌어졌다. 세상 사람들은 행간에 녹아 있는 할머니의 연륜과 지혜에 공감했고 시집은 단숨에 베스트셀러가 되었다. 무려 100만 부가 넘게 팔려나갔다. 그건 그해, 세계적인 작가인 무라카미 하루키의 『1Q84』에 다음가는 판매부수였다.

이 기적 같은 일이 가능했던 이유는 뭘까?

인생의 끝물이라고 낙담하기보다는 매일매일 업데이트하고자 했던 할머니의 도전정신이 있었기에 가능했던 거다.

당신은 지금 몇 살인가?

나이는 문제가 안 된다는 걸 충분히 깨달았을 것이다.

실패가 두려운 건가?

실패의 사다리를 올라가야 성공의 열매를 얻을 수 있는 것이다.

그렇다면 뭘 주저하는가. 성공을 원한다면 전념하기 전에 망설일 필요도, 물러날 이유도 없다. 결심을 한 순간, 바로 시작하라. 시작하는 순간, 당신은 당신 안의 가능성을 발견할 것이고 대담한 천재성 역시 만날 수 있다. 시작하기만 하면 이미 성공한 것이다.

지금 주어진 상황에 감사하는 긍정의 마음을 가져라

– 가난하고 못 배우고 허약한 게, 얼마나 감사한 일인가!

불 테면 불어라 겨울바람아.
눈보라와 섞어 치니 사정도 없다마는
인생의 감사치 않는 마음보다
모질지는 않구나.

– 셰익스피어

　　KBS 2TV 개그콘서트의 한 코너인 '감사합니다'가 유행한 적이 있다. 쿵짝쿵짝하는 8비트 리듬에 개그맨들의 율동 그리고 거기에 재미있는 내용이 인기의 비결이라 할 수 있다.

❶

부모님 몰래 야한 동영상 보고 있는데
갑자기 부모님이 들어오는 순간
화면보호기가 켜져 물고기가 헤엄치고 다닐 때
감사합니다 감사합니다

❷

여친이랑 길을 가는데
어떤 외국인이 다가오는데
길을 물어보면 어쩌나 당황했는데
알고 보니 로버트 할리
감사합니다 감사합니다

　　방송에서 나온 내용들을 살펴보면, 안 좋은 상황이었는데 우연찮게 그 상황을 모면하게 된다. 그래서 천만다행이라는 안도감, 그것에 대해 감사하는 내용이다.

여기서 우리가 배워야 할 게 있다. 바로 긍정적인 마인드로 매사에 감사하는 마음이다.

당신은 자신이 처한 상황을 어떤 마음으로 대하는 편인가?

왜 하필 나한테 이런 일이 일어난 거야, 정말로 미치겠네, 답이 없고 희망도 없다. 이런 식으로 불평을 늘어놓지는 않는가.

성경에 '범사凡事에 감사하라'는 구절이 있다. 범사라 함은 일상에서 흔하게 일어나는 일들을 일컫는다. 즉, 특별할 것 없는 평범한 일에도 감사해야 함을 말하고 있다. 그리고 설령 자신에게 좋지 않은 일이 닥치더라도 부정적인 마음보다는 그만하길 다행이라는 마음으로 지금의 상황을 감사해야 한다. 그러면 마음의 평화도 얻을 수 있다.

주어진 상황에 감사한 마쓰시타 고노스케

지난 천 년간 가장 위대한 경영인에 뽑힌 바 있고 일본에서 기업 경영의 신神으로 불리는 마쓰시타 고노스케. 그의 회사 '마쓰시타전기'가 한창 잘나갔을 때는 사원이 무려 19만 명에 달했고 히트 상품이 수도 없이 많았다.

그가 회사를 일본을 뛰어넘어 세계적인 기업으로 발전시킬 수 있었던 내재적 힘은 무엇일까? 그는 성공 비결을 묻는 질문에 다음과 같이 답했다.

"역설적이긴 하지만, 저를 성공으로 이끈 건 최악의 상황입니다. 저는 몰락한 집안에서 태어났습니다. 그래서 어린 시절부터 일을 하게 되었죠. 초등학교도 사학년때 중퇴해 제대로 배우지도 못했습니다. 또한 몸도 허약했습니다. 가난했기 때문에 일찍 일하면서 사회에 눈을 떴고, 못 배웠기 때문에 세상 모든 사람을 스승으로 생각했고, 허약한 몸이기 때문에 늘 건강에 신경을 썼습니다. 모든 것이 다 불리하고 최악의 상황이었지만 그것에 대해 불평하지 않고 그것만으로도 충분하고, 오히려 넘치는 일이라고 감사하며 살았습니다. 그랬더니 이렇게 최고의 자리에 서게 된 것입니다."

만약 마쓰시타 고노스케에게 감사하는 긍정의 마음이 없었다면 어땠을까? 인생의 대부분을 자신의 신세를 한탄하고 불평을 쏟아내는 데 허비했을지 모른다.

최악의 상황이 닥쳤을 때 거기에 대처하는 법에 대해 도널드 맥컬로우의 말을 주의 깊게 경청할 필요가 있다. 그는 저서 『빛나는 인격』을 통해 이렇게 말한 바 있다.

"상황이 얼마나 절박하든지 간에 감사할 최소한의 일은 있게 마련이다. 당신의 아들이 보라색으로 물들인 머리에 코에는 세 개의 고리를 달고 아무 생각이 없어 보이는 한심한 모습으로 집에 돌아왔다고 하자. 그래도 최소한 무사히 집에 왔으니 좋고, 아들의 웃음소리가 듣기 싫지는 않을 것이다. 세무조사를 알리는 통지서를 받았다

고 하자. 그래도 최소한 당신은 이번 달 카드 대금과 주택대출금을
낼 충분한 돈을 갖고 있으니 다행이다. 시어머니가 아이의 교육 문
제에 사사건건 잔소리를 해대는 통에 울고 싶을 지경이라고 하자.
그래도 최소한 시어머니는 부부가 함께 외출하는 주말에 아이를 봐
줄 것이다. 이처럼 감사할 일은 언제나 있다.”

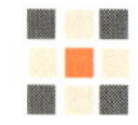

성공과 행복, 두 마리 토끼를 잡자

감사하는 마음을 가진 사람은 매사에 긍정적인 태도를 갖기 때문
에 부정적이고 비판적인 성향을 가진 사람보다 면역력이 강하고 스
트레스도 덜 받는다.

실제로 긍정심리학 분야의 권위자인 로버트 A.이먼스 박사는 그
의 저서 『Thanks』에서 감사가 심리와 육체에 미치는 영향에 관한
흥미로운 실험을 했다.

피실험자를 A, B, C 세 그룹으로 나누어 한 주간 동안 다섯 가지
를 기록하게 했다. A그룹은 감사한 일에 대해 적게 했고 B그룹은 불
만사항을 적게 했다. 그리고 C그룹은 감정을 드러내지 말고 객관적
인 사실만 적게 했다.

이 실험은 10주간 계속되었다. 그리고 신경근질환을 앓고 있는
사람들에게 감사가 어떤 유익을 주는지도 살펴보았다.

이 실험을 통해 로버트 A.이먼스 박사는 다음과 같은 결과를 도출해냈다.

● 불평하는 자보다 감사하는 자가 행복지수가 높다.

● 주 단위로 감사하는 것보다 매일 감사하는 것이 더 효과적이다.

● 감사하는 자는 스트레스를 낮출 수 있어 더 오래 숙면을 취한다.

● 감사하는 자는 삶이 생기 있고 매사에 활력이 넘친다.

이 놀라운 사실을 안 이상, 감사하지 않을 수 없다. 그렇지 않은가?

당신은 성공을 꿈꾸고 있다. 당신은 행복한 삶을 원하고 있다. 그렇다면 답은 이미 나와 있다. 지금 당장 일상 속에서 감사할 일을 찾아라. 하나에서 열까지 모든 것이 다 최악의 상황인데 뭘 찾느냐고 투덜거리지 마라.

눈부신 햇살을 볼 수 있는 눈, 맛있는 음식을 먹을 수 있는 입, 사랑하는 이의 향기를 맡을 수 있는 코를 갖고 있지 않는가. 지금 이렇게 살아 숨 쉬고 있지 않는가. 그것만으로도 새롭게 시작할 수 있다. 그것만으로도 참 감사한 일이다.

감사의 감정이 생기면 슬픔과 염려와 걱정의 감정이 일어났다가도 금방 도망가고 만다. 감사하며 살면 당신 인생이 바뀌고 당신이 꿈꾸던 일을 보다 더 가까이 끌어당길 수 있을 것이다.

Chapter 5

앞에는 언덕이 있고
냇물이 있고
진흙도 있다.
걷기 좋은
평탄한 길만 있는 것이 아니다.
먼 곳으로 항해하는 배가
풍파를 만나지 않고
순항할 수만은 없다.
풍파는 언제나 전진하는 자의 벗이다.
차라리 고난 속에 인생의 기쁨이 있다.
풍파 없는 항해,
얼마나 단조로운 것인가.
고난이 심할수록 내 가슴은 뛴다.

－ 니체

흔들리지 않고
쓰러지지 않고
피지 않는 꽃이
어디 있으랴

27 버티지 말고 실패를 정직하게 인정하라

버티지 말고 실패를 정직하게 인정하라

– 체면과 자존심을 내려놓으면 홀가분하다

난 실패는 받아들일 수 있다.
왜냐하면 누구나 어떤 부분에서든
실패를 경험하기 때문이다.
그러나 시도해보지 않는 것은
인정할 수 없다.

– 마이클 조던

회사 내에서 유일한 여성 임원인 A상무.

그녀는 커리어우먼답게 일처리도 깔끔하고 모든 면에서 완벽하다. 물론 패션 감각도 남다르다. 앤티크와 팬시 컬러 다이아몬드를 사용해 우아하게 디자인한 귀고리와, 스타일을 표현하기에 적합한 단발머리, 그리고 도시적인 분위기의 모던룩으로 한층 세련미를 더했다. 걸음걸이도 멋스럽고 도도하다. 어깨를 쫙 펴고 턱 끝은 살짝 든 채 걷는다. 14센티미터 킬힐은 빼놓을 수 없는 패션의 완성이다.

어느 겨울날의 일이다. 영하의 날씨 탓에 길거리는 온통 빙판인데 그녀는 그날도 멋진 하이힐을 고집했다. 회사에 거의 다다랐을 때, 그녀는 부하직원들과 눈인사를 나눴다.

그런데 그때 그녀에게 끔찍한 일이 터지고 말았다. 빙판길에 미끄러져 그만 '꽝' 하고 크게 넘어진 것이다. 그녀는 아팠지만 재빨리 일어나 아무 일 없다는 듯, 하나도 안 아픈 척 도도한 발걸음을 내딛었다. 그런데 부하직원들은 하나같이 그녀를 안타깝게 바라보았다. 그녀의 무릎에서 피가 철철 흐르고 있었기 때문이다.

A상무가 아픔에도 불구하고 그 자리에서 상처 부위를 어루만지거나 주위 사람에게 도움을 청하지 않았던 이유는 뭘까? 왜 쿨한 척 행동한 걸까? 창피해서 그랬던 것도 있겠지만 그녀는 끝까지 자신의 체면과 자존심을 지키고 싶었던 거다. 자신의 실수를 인정하고

싶지 않았던 거다.

　지위나 신분이 높거나 스스로를 완벽하다고 생각하는 사람들은 대부분 실수나 실패를 인정하려 하지 않는다. 실수나 실패를 인정하는 순간, 자신의 체면과 자존심이 깎인다고 생각하기 때문이다. 그러나 체면과 자존심도 때론 내려놓을 필요가 있다. 괜히 그것들을 고집하다가 더 큰 재앙을 맞을 수도 있기 때문이다.

버티다가 끝내 무너진 윌리엄 스미스버그

　미국의 식료품 제조회사인 퀘이커오츠의 CEO 윌리엄 스미스버그는 이온음료 게토레이를 성공적으로 인수하여 자신의 능력을 만천하에 알렸다. 탄력을 받은 그는 이어 스내플이라는 청량음료 회사까지 인수했다.

　그러나 그건 그의 커다란 실수였다. 기업인수의 적합성을 충분히 검토하지 않고 벌인 일이었던 것이다. 아니나 다를까, 스내플의 매출은 형편없었다. 상황이 이러자 이쯤해서 스내플을 접어야 한다는 주장이 여기저기에서 터져나왔다. 그러나 스미스버그는 자신의 실패를 인정하지 않았다. 오히려 자신의 판단이 옳다고 주장하며 새로운 포장과 라벨에 광고까지, 많은 돈을 쏟아부었다. 그리고 급기야 자신의 의견에 딴지를 거는 직원들은 누구든 해고해버렸다.

순식간에 2년이라는 시간이 흘렀다. 결과는 어떻게 되었을까?

결국, 스미스버그는 스내플 음료에 대해 완전히 백기를 들었다. 높은 가격에 인수했던 스내플 사를 인수 가격의 0.2퍼센트에 재매각하고 만 것이다.

스미스버그가 하루라도 빨리 자신의 실패를 인정했다면 어땠을까? 물론 지금까지 자기가 쌓아왔던 경력에 흠이 생기고 체면과 자존심이 손상되었을 것이다. 그렇지만 스내플을 거의 헐값에 넘기는 대굴욕은 면하지 않았을까.

때로는 실패를 깨끗이 인정하고 받아들일 줄 알아야 한다. 실패는 쓰라린 아픔이지만 그건 분명 끝이 아니라 새로운 길, 새로운 돌파구를 찾을 수 있는 좋은 기회이며 성공의 또 다른 이름이기 때문이다.

실패를 권장하는 실패상賞 수여식

실제로 실패를 권장하는 회사가 있다. 바로 포스코 포항제철소의 한 공장이 그렇다. 이 공장은 1년에 두 번씩 실패한 사람이나 팀에게 '실패상'을 준다.

사실 예전에는 불량이 나오면 담당자는 그것을 감추기 급급했다. 그것을 알려서 좋을 게 하나도 없다고 판단해서였다. 그러나 그건 한 치 앞도 내다보지 못한 짧은 생각이다. 불량의 원인을 제대로 파악하지 않으면 불량은 앞으로도 계속 나올 것이고, 그러다 보면 판매부진으로 이어지고 결국 본인도 불량에 의한 손실을 함께 감당해야 한다.

지금은 달라졌다. 실패를 했으면 감추는 대신 정직하게 인정하고 공개해 그것을 개선하고 변화하는 계기로 활용한다. 실패를 성공의 좋은 기회로 삼은 것이다. 실제로 그 공장은 불량률이 많이 줄어들었다고 한다.

당신도 성공을 원한다면 실패를 드러내는 용기가 필요하다.

그 실패를 통해 현재를 재정비하고 미래의 기회를 발견한다면 그 실패는 가치 있는 실패가 될 것이다.

신용복 교수의 저서 『처음처럼』에 나오는 한 대목을 소개한다.

"성공은 그릇이 가득 차는 것이고, 실패는 그릇을 쏟는 것이다. 그러나 한편으로 생각하면 성공은 가득히 넘치는 물을 즐기는 도취임에 반하여 실패는 빈 그릇 자체에 대한 냉철한 성찰이다. 성공에 의해서는 대개 그 지위가 커지고 실패에 의해서는 자주 그 사람이 커진다는 역설을 믿고 싶다."

202

28 실패에 대한 두려움을 과감히 던져버려라

살다 보면 누구나 완전히 실패했다는
생각에 빠질 때가 있다.
대부분은 실패의 두려움이
자신을 파괴하도록 방치한다.
실패에 대한 두려움은
시작도 해보기 전에 좌절시킨다.

– 지그 지글러

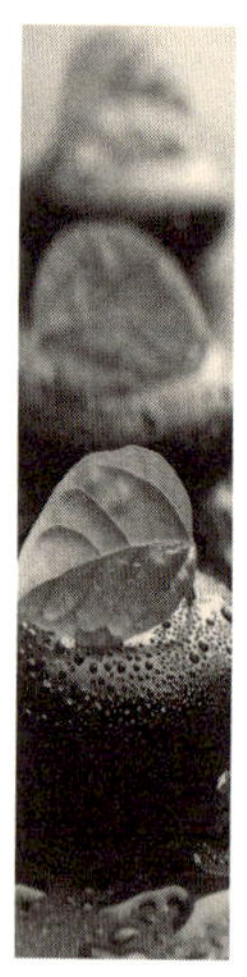

결혼한 열 쌍 중에 네 쌍은 이혼을 하는 시대에 살고 있다.

이혼을 한 사람들은 더러 혼자 살기도 하지만 대부분 재혼을 꿈꾸거나 실제로 재혼을 하기도 한다. 그런데 막상 재혼을 하려고 해도 망설이게 된다.

한 재혼전문업체에서 '재혼이 힘든 이유'에 대해 조사를 한 적이 있는데 남자의 경우 '또 다른 실패에 대한 두려움'이라는 답변이 가장 높게 나왔고 여자 역시 그 대답이 2위로 높게 나왔다.

실패에 대한 두려움이 재혼의 문제만은 아니다. 일에서도 마찬가지다. 어떤 일에 대해서 한 번 실패를 경험하게 되면 그로 인해 어느 정도의 트라우마가 생기게 된다. 그래서 다시 무언가를 시도하는 게 생각처럼 쉽지가 않다. 이미 마음속에 두려움과 초조함이 자리 잡고 있기 때문이다.

독일 속담에 이런 말도 있다.

'두려움은 늑대를 실제보다 더 크게 만든다.'

두려움은 생각을 제한하고 판단을 흐리게 만들며 행동을 위축시킨다. 또한 일을 시작도 하기 전에 이미 실패할 거라는 부정적인 생각으로 머리를 가득 채워버린다.

실패의 기억을 잊고 다시 시도하기란 쉽지 않다. 더군다나 다시 시도한다고 해서 성공을 이룬다는 보장도 없다.

사실 우리 주위엔 실패투성이다. 가까운 사람들 중에서 성공한 사람이 많은가 아니면 실패한 사람이 많은가. 아마도 사는 게 힘들고 어렵다는 사람들을 더 많이 봤을 것이다.

나이 서른이 넘어가고 마흔이 가까워지면 직장인들은 언제 쫓겨날지 불안하다. 사업을 하는 사람도 마찬가지다. 성공해서 자리 잡는 게 여간 어려운 일이 아니다. 여기저기에서 간판이 내려지고 순식간에 가게 주인이 바뀌는 게 현실이다.

그럼에도 불구하고 우리는 왜 도전해야 하는가

실패학의 대가로 알려진 하타무라 요타로 교수는 미지의 분야에 도전할 때의 성공 확률은 0.3퍼센트에 불과하다고 말했다. 성공을 한다는 게 낙타가 바늘구멍에 통과하기처럼 어렵다는 얘기다. 이런 상황에서 다시 뭔가를 시도한다는 게 참 어렵다. 그러나 성공 확률이 적다고 해서 멈춰 있어선 안 된다.

루스벨트 대통령은 취임연설에서 이렇게 말했다.

"지금까지도 그래왔던 것처럼 우리는 역경을 극복하고 살아남을 것이며 번영을 이룰 것입니다. 우리를 두려움에 빠뜨리는 유일한 것은 두려움 자체입니다. 두려움을 경계해야 합니다."

실패할지 모른다는 두려움 때문에 어떤 일도 해보지 못하고 주저앉고 마는 것처럼 어리석은 일이 또 어디 있겠는가. 두려움에 빠져 망설이면 결국 지금 위치에서 한 발짝도 나아갈 수 없다. 0.3퍼센트의 확률임에도 불구하고 도전해야 한다. 아무 것도 하지 않는다면 그나마 남아 있는 0.3퍼센트까지 빼앗기고 말 것이기 때문이다.

조타이는 저서 『두려워 말라, 중단하지 말라』에서 두려움을 뛰어넘는 행동을 강조하고 있다.

"두려움이라는 감옥에서 벗어나는 유일한 방법은 행동하는 것이다. 해결책이 나타나기를 막연히 바라거나 가만히 기다리기만 해서는 안 된다. 해결책을 직접 만들어가는 수밖에 없다. 두려움의 감옥을 탈출하려 할 때마다 당신은 그만큼 강해진다."

무슨 일에 실패했다는 건 여하튼 어떤 노력이나 도전을 했다는 의미이다. 그리고 중요한 사실은 실패가 실패로만 끝나지 않고 실패를 통해 분명 얻는 게 있다는 것이다. 그게 쓰라린 아픔이든 새로운 기회이든 뭔가 얻는다는 건 인생에 있어 참으로 중요하다. 내가 살아 있다는 증거이기도 하다.

내 생애 성공한 투자는 바로 실패의 경험이다

작가이자 편집자인 마이클 코다의 『어떻게 성공할 것인가』에 실패를 통해 좋은 기회를 만들어낸 사람의 이야기가 나온다.

한 영화 제작자가 있었다. 이 사람은 특색 있는 영화를 만들고 싶어 했다.

그는 감독과 배우들과 함께 아프리카로 향했다. 그런데 막상 아프리카에 와보니 하나에서 열까지 모든 게 엉망이라는 걸 알게 되었다. 각본도 엉터리였고, 배우며 일을 할 조건도 변변치 못했다. 게다가 감독은 방대한 양의 필름을 아프리카 배경을 찍는 데 죄다 사용해버렸다. 돈은 돈대로 들어가고 무엇 하나 제대로 건진 건 없었다. 처절한 실패였다.

결국 영화 제작은 중단됐고 제작자는 이 막대한 손해를 어떻게 감당해야 할지 난처했다.

"도대체 어떻게 해야 하지?"

실패의 충격으로 인해 그는 아무 것도 할 수 없었다. 살고자 하는 의욕조차 없었다.

며칠 후, 그는 자신에게 굉장한 재산이 있다는 걸 깨달았다. 바로 아프리카에서 동물이나 정글, 그리고 원주민 등을 찍은 필름이었다. 그는 그 필름을 제작자들에게 영화의 배경으로 팔기 시작했다. 그 후, 아프리카를 배경으로 하는 모든 영화에서 이 제작자의 필름이 사용되었다. 처절한 실패가 빛나는 성공으로 바뀌는 순간이었다.

그는 이 소중한 경험에 대해 이렇게 말했다.

"내 생애 최고의 성공한 투자는 바로 실패의 경험이다."

이 영화 제작자의 이야기처럼 실패를 해야 성공도 있음을 알 수 있다. 그러니 실패를 많이 하라. 실패를 통해 당신은 지혜와 경험이 커지고 의지와 끈기가 더 단련될 것이다. 그러면 자연히 성공의 확률이 높아진다. 0.3퍼센트의 확률이 결국 100퍼센트의 성공에까지 이를 것이다.

29 후회할 때까지 기다리지 말고 지금을 살아라

– 강물이 흐르듯 물고기도 흐르고 시간도 흐른다

되돌릴 수 없는 불행을
후회하는 것은
불행을 더욱 더 초래하는
지름길이다.

– 셰익스피어

　살면서 후회하지 않고 사는 사람은 없다. ‘그때 조금만 더 잘할 걸’, ‘그때 조금만 더 생각할 걸’, ‘그때 조금만 더 버틸 걸’ 하고 지난 일에 대해 후회하게 된다.

　인간이 완벽한 존재라면 일처리도 깔끔히 마무리하고 인간관계 역시 조화롭게 유지하겠지만 우리는 불완전한 존재이기에 어쩔 수 없다. 때론 실수도 하고 실패도 하고 그리고 그것에 대해 뒤늦게 후회를 한다. 후회, 그건 살아가면서 당연히 겪는 과정이다.

　킴벌리 커버거의 ‘지금 알고 있는 걸 그때도 알았더라면’이라는 시가 오랫동안 많은 사람들에게 사랑받는 이유도, 지난 것들에 관한 후회와 아쉬움이 사람들의 마음속에 그만큼 크게 자리 잡고 있기 때문일 것이다.

지금 알고 있는 걸 그때도 알았더라면

내 가슴이 말하는 것에 더 자주 귀 기울였으리라

더 즐겁게 살고 덜 고민했으리라

사랑에 더 열중하고 그 결말에 대해선 덜 걱정했으리라

설령 그것이 실패로 끝난다 해도

더 좋은 어떤 것이 기다리고 있음을 믿었으리라

아 나는 어린아이처럼 행동하는 걸 두려워하지 않았으리라

더 많은 용기를 가졌으리라

내가 만나는 사람을 신뢰하고

나 역시 누군가에게 신뢰할 만한 사람이 되었으리라

입맞춤을 즐겼으리라

지난 것에 대해 후회하고 아쉬워하는 데 그치지 않고, 다시는 그런 일을 반복하지 않기 위해 반성하고 새로운 각오로 노력하기에 이른다면 그것처럼 생산적인 일은 없을 것이다. 그러나 문제는 바로 후회의 늪에서 헤어나오지 못한다는 거다. 후회가 반성과 새로운 도약의 계기로 이어져야 하는데, 과거에 대한 집착으로 남아 자기 스스로를 괴롭히고 학대하며 미래에 대한 불안감으로 이어지면 그것만큼 비생산적이고 안타까운 일은 없다.

아직도 그 물고기가 거기에 있는 줄 아느냐

한 청년이 강가에서 낚시를 하고 있었다. 잠시 후, 물고기가 낚싯바늘을 물었는지 낚싯대가 흔들거렸다.

"그래, 바로 지금이야."

청년은 재빨리 낚싯대를 힘껏 들어올렸다. 물 밖으로 손바닥만 한 노란 빛깔의 물고기가 튀어나왔다. 청년은 조심스럽게 손을 뻗어 물고기를 잡으려 했다. 그 순간, 물고기가 다시 물속으로 들어가버렸다. 낚싯줄이 끊어진 것이다.

"제기랄! 아주 희귀한 물고기였는데."

청년은 아쉬워하며 집으로 돌아갔다. 다음 날, 단단한 낚싯줄로 교체한 낚싯대를 가지고 다시 그 강가로 갔다. 청년은 오전 내내 수십 마리의 물고기를 잡았는데 어찌된 일인지 그 물고기들을 다 놓아주었다.

이걸 지켜보고 있던 노인이 청년에게 물었다.

"왜 잡은 물고기를 놓아주는가?"

"제가 어제 잡았다가 놓친 그 물고기를 다시 잡고자 합니다. 그 물고기는 보통 물고기들과는 달리 노란 빛깔을 띤 아주 희귀한 물고기였습니다. 어제 바로 이 자리에서 잡았습니다."

노인은 진지한 표정으로 청년에게 말했다.

"저 강물을 보게나. 흐르지 않는가? 그렇다면 어제 본 물고기는 어디에 있겠는가? 어제 그 자리에 있을 리 없지 않는가. 흐르는 것을 붙잡으려 하지 말게. 흘러간 것은 잊고 오늘을 잡게."

노인의 말처럼 이미 흘러간 것에 대해서는 미련을 갖지 않아야 한다. 그런데 과거에 실패한 경험을 가진 사람들은 늘 그 과거에서 벗어나지 못한 채 과거의 노예가 되고 만다.

이런 말이 있다. 실패한 사람들은 과거 실패나 실수의 기억에 자신의 에너지 30퍼센트를 빼앗긴다. 그리고 아직 오지도 않은 미래에 대한 두려움으로 또 30퍼센트의 에너지를 빼앗긴다. 그렇게 따지다 보니 현재의 일에 아무리 최선을 다한다고 해도 결국 40퍼센트의 에너지밖에 쏟지 못하는 거다.

안철수 교수는 저서 『지금 우리에게 필요한 것』에서 현재의 중요성을 강조한 바 있다.

"어떤 일을 선택할 때 과거를 잊어버리는 것이 중요하다. 과거에 아무리 큰 성공을 하였든 혹은 치명적인 실패를 하였든 간에 그것은 중요하지 않다. 항상 현실에 중심을 두고 미래를 생각하는 마음가짐이 필요하다. 나 자신도 발전할 수 있고 재미있게 일을 할 수 있으며 다른 사람에게도 도움을 줄 수 있는지를 생각해야 한다."

과거의 삶도 소중하고 또한 미래의 비전도 소중하지만 그보다 더 귀한 건 바로 현재이다. 어제도 내일도 아닌 막 눈을 뜬 오늘 이 순간을 살아야 한다.

30 스스로 '여기까지'라고 단정하지 마라

– 비범하게 태어났으면서 왜 평범하게 사는 거니?

늘 어려운 쪽을 향해야 한다는 기본 원칙에 따라
우리가 우리의 생을 이룩해 나간다면
지금 당장은 낯설어만 보이는 것도
우리에게 더없이 친숙하고 소중한 것이 될 것이다.

– 라이너 마리아 릴케

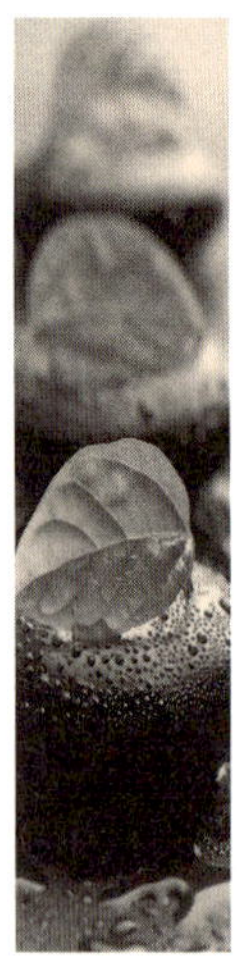

이야기 하나 – 꼬마와 자전거

한 꼬마가 있었다. 그 꼬마는 두발자전거를 몹시 타고 싶었다. 자전거를 타고 바람을 가르며 씽씽 달리고 싶었다.

어느 날, 꼬마는 자전거 타기를 시도했다. 생각보다 쉽지 않았다. 두 발로 페달을 굴려야 자전거가 나가는데 넘어지지 않을까 하는 마음에 두 발을 땅에서 떼는 것조차 힘들었다.

꼬마는 용기를 내 두 발로 페달을 굴렸다. 그러나 몇 뼘도 못 갔다. 균형 잡는 게 만만치 않았다. 또 다시 시도를 했지만 여전히 제자리였다. 이를 악물고 다시 시도를 했는데 이번에는 좀 가는가 싶더니 그만 균형을 잃고 넘어지고 말았다. 무릎에서 흐르는 피를 보고 꼬마는 크게 놀랐다.

"으앙."

꼬마는 잔뜩 겁에 질린 표정으로 눈물을 쏟아냈다. 결국 꼬마는 자전거 타기를 포기하고 말았다. 그 후로도 자전거 탈 기회가 있었는데 꼬마는 고개를 내저었다.

어른이 된 후에도 그는 여전히 자전거를 타지 못했다.

이야기 둘 – 쥐와 전기충격

이런 실험을 했다.

첫날, 쥐 앞에 맛있는 음식이 담긴 접시를 놓았다. 쥐는 주위를 경계하더니 안전을 확인했는지 접시에 놓인 음식에 조심스럽게 입을 댔다. 맛이 좋은지 순식간에 음식을 말끔히 해치웠다.

둘째 날, 역시 쥐 앞에 맛있는 음식이 담긴 접시를 놓았다. 그런데 이번에는 쥐가 음식을 먹으려 할 때마다 전기충격을 줬다. 전기충격에 깜짝 놀란 쥐는 점점 접시에서 멀어졌다.

어느 정도의 시간이 지난 후, 접시에 식욕을 자극할 만한 더 맛있는 음식을 놓았다. 그럼에도 쥐는 접시 가까이 올 생각조차 하지 않았다. 전기충격의 기억에서 벗어나지 못하는 거다. 며칠이 지나도 쥐는 여전히 접시 가까이 오지 않았다. 결국 쥐는 굶어죽고 말았다.

두 이야기를 읽고 어떤 생각이 드는가?

우선 꼬마 이야기를 보면 조금 안타까운 생각이 들 것이다. 포기하지 않고 계속해서 시도했다면 그렇게 배우고 싶었던 자전거 타기를 성공했을 텐데 왜 멈춰버렸을까. 누군가는 꼬마의 나약한 의지를 비난할지도 모른다. 그깟 피 좀 봤다고 포기해버리다니, 그런 정신 상태로 뭘 할 수 있겠어.

쥐 이야기 역시 안타까운 생각이 들 것이다. 전기충격을 한 번 더 받고 말지 왜 굶어죽는 거야. 미련하다는 생각도 들 것이다.

그렇다면 꼬마와 쥐는 왜 다시 한 번 시도하지 않은 걸까? 한 번쯤, 아니 몇 번이고 다시 부딪쳐봤다면 분명 성공할 수 있었을 텐데 말이다.

그 이유는 이렇다. 실패를 경험했기 때문에 두려움이 생긴 것이다. 그래서 해봤자 소용없을 거라는 패배주의가 자리 잡은 것이다. 즉, 해낼 수 없다는 부정적인 프로그래밍이 이미 머릿속에 각인되어 버렸다. 그래서 더 이상 나가지 못하고 그렇게 제자리에서 패배자가 되고 만 것이다.

우리의 모습은 어떠한가? 꼬마와 쥐의 모습과 많이 닮았는가?

우리들 역시 두려움에 사로잡혀 시도조차 하지 못한 일들이 참 많다. 아무 근거도 없이 할 수 없다는 패배주의에 휩싸여 뒤로 물러나기 일쑤고, 남들도 다 안 되는 일인데 나라고 별 재주가 있을까, 하고 마음을 접은 게 한두 번이 아니지 않은가. 스스로 한계를 정하고 그 한계의 감옥에 갇혀 지내는 게 우리의 모습은 아닌가.

한계의 감옥에서 탈옥을 시도하라

자기계발 컨설턴트인 호아킴 데 포사다의 저서 『바보 빅터』에 나오는 선생님과 아이들의 대화를 주목하자.

"예전에 백만장자들을 대상으로 부자가 된 비결을 물은 적이 있단다. 그들이 공통적으로 꼽은 비결이 뭔 줄 아니? 바로 자기믿음이었어. 자기믿음이란 자신의 생각과 자신의 직관, 그리고 무엇보다 자신의 가능성을 믿는 걸 말하지."

"에이, 그럼 누구나 다 백만장자가 됐게요?"

"그래, 지금 너희들은 그렇게 생각하겠지. 그런데 어른이 되면 자신을 믿기가 어려워진단다. 세상에는 수많은 방해자들이 있어. 그들은 언제나 우리 주위에 있지. 방해자들은 우리를 혼란에 빠뜨려. 그리고 우리에게 부정적인 프로그램을 주입시켜서 우리 자신을 의심하게 만들지."

결국은 '자기믿음'이다.

가능성에 대한, 능력에 대한 깊은 자기신뢰다. 그것이 무너지면 그 무엇도 해낼 수 없다. 능히 할 수 있는 일도 할 수 없는 일이 되고 만다.

호텔 창립자인 콘래드 힐튼은 이런 말을 했다.

"벨보이 시절에 나보다 일을 잘하는 사람도 많았고, 나보다 경영 능력이 뛰어난 사람들도 많았다. 그런데도 그들이 아닌 내가 세계적인 호텔을 짓고 대부호가 될 수 있었던 건, 호텔을 경영하게 되리라 믿은 사람은 오직 나 혼자뿐이었기 때문이다. 내 스스로를 과소평가하지 않았기 때문이다. 불가능하다고 단정하지 않았기 때문이다."

어쩌면 당신에게 비범한 능력이 있는지 모른다. 아니, 당신은 비범한 능력을 갖고 있다. 그러나 그 비범한 능력을 스스로 믿지 않는다면 그것은 가슴속에서 화석이 되어 굳어져갈 것이다.

과거의 참담한 실패는 더 나은 미래로 가기 위한 디딤돌일 뿐이니 실패의 기억에 얽매일 필요도 없다. '여기까지'라고 쉽게 단정 짓지 말고 '여기서부터' 다시 시작해야 한다. 한계는 스스로의 요구를 낮추게 하여 큰 목표를 이룰 수 없게 만드는 아주 몹쓸 것이다.

자기의심과 자기한계는 철저히 무시하라. 비범한 능력을 꺼내 사용하라. 그것이 굳기 전에 지금 당장.

221

두려움이 다가오면 차라리 정면으로 충돌하라

– 오히려 태풍 한가운데로 걸어 들어가야 해

인류가 한층 더 나은 미래로
나아갈 수 있게 되기를
진심으로 바란다면
그 첫째 조건은
우리가 용기를 가지고
공포에 지배되지 말아야 한다는 것이다.

– 난센

인간이 머릿속에 만들어낸 창작물 중에 가장 위험한 게 하나 있다. 바로 '두려움'이다. 상황이나 환경이 나쁘면 자연스럽게 두려움이 생기는 경우도 있지만 오히려 그 두려움 자체가 상황을 최악으로 몰고 가는 경향이 있다. 즉, 마음속의 두려움이 더 큰 두려움을 재생산한다는 말이다.

두려움은 순식간에 마음을 점령한다. 한번 두려움에 휩싸이게 되면 여간해서는 빠져나올 수 없다. 할 수 없다는 자신감 부족으로 이어지고, 과연 할 수 있을까 하며 자기를 의심하게 되고, 성공한 적이 없다는 패배적 습관이 되살아나고, 시작하기도 전에 걱정만 가득해진다.

두려움은 강력한 파괴력을 가지고 있다. 내 안의 마음도, 내 일상도, 내 꿈도, 내 도전도 흔든다. 이런 무시무시한 두려움이 오랫동안 마음에 머물면 병이 생기고 끝내는 인생 전체가 무너지고 만다.

두려움을 이기는 가장 현명한 방법

한 심리학자는 두려움을 극복하는 가장 현명한 방법을 이런 식으로 설명했다.

밤에 홀로 숲길을 걸어가는데 어디선가 늑대의 울음소리가 들렸다. 얼마나 두렵고 무섭겠는가. 두려움과 무서움에 떠는 사람에게 그것을 즉시 해결하는 방법이 있다. 그건 바로 앞으로 한 발을 내딛는 거다.

즉, 생각에 사로잡히지 말고 즉시 행동하여 두려움과 정면승부를 하라는 거다. 즉시 행동하지 않고 질질 끌면 마음속에 더 큰 의심과 부정적인 생각만 자랄 뿐이다.

대중 앞에 서겠다고 나서는 순간, 두려움은 사라진다. 곤란한 전화지만 하기로 마음먹는 순간, 모든 문제는 사라진다. 괴팍한 사람과 만나겠다고 결심하는 순간, 일은 착착 진행된다.

두려움은 인생의 장애물이 아니라 우리가 반드시 뛰어넘어야 할 허들이다. 반드시 넘어야만 앞으로 나아갈 수 있고 새로운 삶을 도모할 수 있다.

자기계발 및 리더십 분야에서 명강사로 알려진 로버트 K.쿠퍼 박사가 어렸을 때 겪었던 일이다.

쿠퍼는 수영을 하려고 할아버지와 함께 집 근처에 있는 오래된 연못으로 갔다. 연못에서는 이미 많은 사람들이 수영을 즐기고 있었다. 사람들은 다이빙대에서 연못으로 뛰어들었다. 쿠퍼도 다이빙대로 올라갔다.

그런데 갑자기 뒤에 있던 사람이 쿠퍼를 미는 바람에 그는 연못

속으로 빠지게 되었다. 물은 생각보다 깊었다. 순간, 당황한 쿠퍼는 공황상태에 빠졌다. 숨이 차오르고 손과 발은 꼼짝도 하지 않았다. 눈앞이 캄캄했고 이러다가 죽을 수도 있겠구나, 하는 생각까지 들었다. 그러다가 의식을 잃었는데 나중에 눈을 떠보니 다행히 연못 밖이었다. 누가 자기를 구해줬는지는 알 수 없었지만 분명한 건 물이 두려워지기 시작했다는 사실이었다.

그런데 몇 분 지나지 않아, 끔찍한 일이 벌어졌다. 연못에서 놀던 한 아이가 물에 빠져 죽은 것이다. 그 일로 연못 주변은 순식간에 공포로 휩싸였다. 수영을 즐기던 사람들 중 대부분은 얼른 그 자리를 떠났다.

아이의 죽음으로 인해 물에 대한 쿠퍼의 두려움은 더더욱 커졌다. 그래서 연못에서 멀리 떨어졌다. 그런데 그때 할아버지가 다가와 말했다.

"이 연못은 고속도로보다 덜 위험하단다. 사람들은 어디서든 죽을 수 있단다. 두려움을 극복하지 못하면 훗날 넌 제대로 된 삶을 살수 없다. 쿠퍼, 수영을 배우고 싶다고 했지?"

"예."

"그렇다면 다시 물속으로 들어가렴. 물을 두려워하는 사람이 어찌 수영을 배울 수 있겠니? 지금 물을 피한다면 아마도 너는 평생 수영을 못할지도 몰라. 선택은 너에게 달려 있다. 어떻게 할 거니?"

쿠퍼는 두 주먹을 불끈 쥐고 이를 악물었다. 그리고 연못 쪽으로 한 걸음 한 걸음 걸어갔다. 쿠퍼는 숨을 들이마신 후, 이윽고 두려운 물속으로 몸을 던졌다. 두려움에 맞서 싸운 것이다. 그 후, 물은 쿠퍼에게 두려운 존재가 아니라 편안한 친구가 되었다.

나를 죽이는 것도 살리는 것도, 결국 나 자신이다

이 세상에는 두려움이 참으로 많다. 비판의 두려움, 발표의 두려움, 대인공포증의 두려움, 거절의 두려움, 밤의 두려움, 사람의 두려움 등등.

그러나 이러한 두려움들은 결국 내 영역 안에 있다. 다시 말해서, 내 안에서 자란 두려움이기에 그것을 없애는 것도 충분히 내가 해낼 수 있다는 얘기다. 대담하고 용기 있게 결단하고 실천하면 충분히 극복해낼 수 있다.

영화 '최종병기 활'에서 이런 장면이 나온다.

역적으로 몰린 집안에 칼과 창을 든 관군이 들이닥친다. 아버지는 아들을 피신시키려 하지만 어린 아들은 두려움에 빠져 얼음이 된 채 주저앉고 만다. 그런 아들을 보고 아버지는 다음과 같이 얘기한다.

"두려움은 직시하면 사라진다."

그렇다. 두려움이 없다 생각하면 두려움은 이미 없는 것과 같고 두려움에게 대항하면 두려움은 꼬리를 내리고 곧장 사라지고 만다.

두려움, 그건 강한 척하지만 결국 아무 것도 아니다. 지금 당장 태풍 한가운데로 걸어가라. 그곳은 오히려 안전하고 안락하다.

마지막으로 나이키 인쇄 광고의 한 부분을 소개한다. 이 광고 문구를 읽고 두려움보다 우위에 서 있는 자기 자신을 만나길 바란다.

"체육도 더 이상 합격 · 불합격으로 평가되지 않고 성적이 매겨지기 시작했습니다. 한번은 그 끔찍한 C를 받았고 그 다음엔 그와 다를 것 없이 끔찍한 C⁺를 받아서 그 때문에 한 학기의 평균성적이 바닥으로 하락했지요. 성적이 내려가고 나니 이제 당신은 그냥 평범한, 운이 안 좋은, 별 볼 일 없는, 완전 평범한 사람이 되어버렸지요. 그러나 당신은 생각했습니다. 잠깐! 정확히 누가 평범하다고? '나는 아니야!'라는 답이 철봉 위로 매달린 머리 위로 크고 명확하게 들려왔습니다. 당신은 결코 평범하지 않습니다. 왜냐하면 평범이라는 말은 거짓이고, 틀에 박힌 말인데 당신은 틀에 박혀 있지 않으니까요. 당신은 움직이고, 무엇이 되기 위해 노력하고, 시도하고, 모든 두려움과 '나는 할 수 없어'라는 말과 온갖 사람들의 당신에 대한 평가들을 극복해나가고 있기 때문입니다. 평범? 이제는 그 말을 비웃어버리세요. 마음껏 비웃으세요. 당신은 뛰고 놀고 움직이며 당신을 믿기 시작합니다. 어느 날, 당신은 이상한 꿈을 꾸었습니다. 어릴 적의 당신이 그 운동장에 서 있었습니다. 체육선생님이 옆에 서서 당신을 비웃고 계셨습니다. 그 앞에는 밧줄이 매달려 있었습니다. 당신은 그 밧줄 위를 오르기 시작했습니다. 미칠 듯이 올랐습니다. 정상에 도달했습니다. 그리고 길은 위로만 향해 있었습니다. 지금 시작하십시오."

32 천 개의 절망 앞에서도 희망의 불씨만은 지켜라

희망이 간혹 거짓말하는 것을 목격할 것이다.
그렇다고 희망을 허풍쟁이라고 매도하지 마라.
왜냐하면 그것은 사시사철 우리를
즐거운 오솔길로 안내하며,
우리 인생이 끝날 때까지
동행하는 진실한 동반자이기 때문이다.

– 라 로슈푸코

괴롭고 힘겨운 일이나 절망적인 상황이 닥치면 사람들은 일단 심적 충격으로 인해 혼란에 빠진다. 그 혼란은 점점 비관적인 쪽으로 기울어진다.

'왜 하필 이런 일이 나한테 닥친 거람!'

'다 그 사람 때문이야.'

주어진 상황을 답답해하고 남의 탓을 하며 어쩔 줄 몰라 한다.

그러다 운 좋게 상황이 진정되면 한숨을 돌리지만, 상황이 오히려 더 막다른 길로 치닫게 되면 아무리 강한 사람이라도 자포자기에 빠져 헤어나질 못한다.

'이제 모든 것이 끝이야.'

'더 이상 내겐 길이 없어.'

결국 절망의 심연 속으로 마음이 와르르 무너지고 만다.

당신도 살아오면서 한두 번쯤은 깊은 절망의 수렁에 빠진 적이 있을 것이다. 이미 경험했다고 해서 앞으로는 그런 일이 없으리라는 법도 없다. 인생은 어쩌면 좋은 일보다 좋지 않은 일을 더 많이 겪으면서 지내야 하는 고난의 과정인지도 모르겠다. 그렇기 때문에 더더욱 절망을 이겨내는 마음단련법이 중요하다.

장 도미니크 보비에게
절망은 희망의 한 부분일 뿐이다

절망을 이겨내는 방법 중 하나가, 이러한 힘겨운 상황을 나만 겪는 게 아니라 분명 그 누군가도 겪고 있거나 이미 많은 사람들이 겪어왔다는 동질감이다. 동질감을 느끼면 그나마 조금은 위안이 되기도 한다.

또 하나는 절망을 이겨낸 사례를 접하고 희망을 믿는 것이다. 천 개의 절망이 힘들게 한다고 해도 단 하나의 희망만 버리지 않는다면 충분히 새로운 날을 맞이할 수 있다.

영화 '잠수종과 나비'는 지금 이 순간 절망에 빠진 이들에게 희망의 힘이 얼마나 강한지를 전달해주기 충분하다. 이 영화는 최고의 권위를 자랑하는 세계적인 프랑스 패션전문지 '엘르'의 편집장 '장 도미니크 보비'의 감동실화다.

무엇 하나 아쉬울 것도 없고 당당했고 잘나갔던 보비가 어느 날 갑자기 쓰러진다. 원인은 뇌졸중. 쓰러진 후, 20일 동안 의식 없이 그저 침상에 누워 있다가 겨우 의식을 찾게 된다.

그런데 차라리 의식을 찾지 않는 게 좋다 싶을 정도로 그의 상태는 좋지 않았다. 그의 의지로 움직일 수 있는 신체 부위는 왼쪽 눈꺼풀뿐이었다.

그 상황이면 누구라도 절망에 빠질 것이다. 보비 역시 깊은 절망에 빠진다. 아무 것도 할 수 없는, 파리보다 못한 존재가 된 것이다. 머릿속엔 온통 차라리 죽는 게 더 낫다는 생각뿐이었다. 그런데 인생이 위대한 건 아무리 무겁고 깊은 절망에 빠져 있더라도 살아 숨 쉬고 있는 한 희망이 존재한다는 사실이다.

그는 한때 잘나갔던 편집장으로만 기억된 채 이 세상에서 사라지고 싶지 않았다. 뭔가를 남기고 싶었고 뭔가를 해야만 할 것 같았다. 하고자 하는 의지가 서고 삶에 대한 애착이 강해지니 왼쪽 눈꺼풀로도 모든 것이 가능해졌고 충분했다.

"다행히 나에겐 왼쪽 눈꺼풀 말고도 멀쩡한 게 두 가지나 있어. 그건 바로 상상력과 살아온 날의 기억. 난 누구든 만날 수 있고 어디든 갈 수 있어. 한번 해보는 거야."

언어치료사로부터 눈꺼풀 표현법을 배웠고 그는 눈꺼풀로 책 한 권을 쓸 계획을 세웠다. 눈을 깜짝여 한 단어 한 단어를 표현했고 이 방법으로 진짜로 책을 쓰기 시작했다. 그렇게 그는 15개월 동안 200여만 번이 넘게 눈꺼풀을 깜짝거려 마침내 100페이지가 넘는 책 한 권을 완성하기에 이르렀다. 그가 눈꺼풀로 집필한 책이 바로 『잠수복과 나비』다. 그는 잠수종에 갇힌 존재이기도 하지만 반대로 가장 자유로운 나비의 삶을 산 것이다.

절망 속에서도 분명 비상구는 존재한다.

절망을 이겨내고자 하는 그 맘을 갖기가 힘들지 막상 맘을 먹으면 불가능한 게 없다. 그 어떤 절망도 인간의 의지만은 막을 수 없다.

희망을 받아들이는 순간, 더 이상 절망은 없다. 생각을 바꾸는 순간 절망은 신기루 같이 사라져버린다.

그러고 보면 절망이라는 게 외부의 상황이나 조건보다는 그것을 받아들이는 생각과 마음의 상태에 좌우되는 부분이 더 큰 듯하다. 절망을 절망으로 끝내는 게 아니라 또 다른 새로운 인생으로 가는 통로나 기회로 받아들이는 게 중요하다.

랜디 교수, 절망과 희망 중에 희망을 선택하다

절망 속에서도 희망을 선택한 사례 중에 주목해야 할 사람이 또 한 명 있다.

바로 카네기멜론대학교의 랜디 포시 교수다. 그는 말기 췌장암 판정을 받고, 이로 인해 강단에서 내려와야만 했다. 더 이상 그 몸으로는 강단에 설 수가 없었기 때문이다. 그렇다고 이대로 인생을 마감하고 싶진 않았다. 절망과 우울함에 빠져 시간을 보내기엔 남은 시간이 너무나 아쉽도록 짧았다. 그는 어린 자녀들과 아내에게 죽는 그 순간까지 최선을 다하는 모습을 보이고 싶었다. 그래서 마지막 강의를 준비하기로 결심했다.

"이 몸으로 어떻게 강의를 해요. 준비하려면 신경을 많이 써야 하는데 몸이 더 상하면 어떻게 해요."

반대하는 아내를 설득하고 또 설득한 끝에 마침내 그는 2007년 9월 18일, 카네기멜론대학교에서 마지막으로 강의를 했다.

이 강의에서 그는 자신의 삶이 얼마 남지 않았음을 청중들에게 고백했다. 그리고 어떤 상황에서도 희망의 끈을 놓지 말아야 함을 강조했다. 그의 마지막 강의는 유튜브 등 동영상 사이트를 통해 널리 퍼졌고, 전 세계 사람들은 그의 마지막 강의를 보며 눈물을 흘리기도 하고 자신의 삶을 위로받기도 했다.

그는 결국 1년 후에 세상을 떠나긴 했지만 사람들의 마음에 희망의 존재로 남아 있다.

당신에게도 어느 날, 뜻하지 않은 절망이 찾아올 수도 있다.

그럴 때 당황스럽고 모든 상황이 원망스러울 테지만 그런 마음을 잘 다스리고 부디 희망적인 방향으로 삶을 이끌어야 한다. 그럴 힘은 누구에게나 있고 당신 역시 그러할 것이다. 랜디 포시 교수가 마지막으로 남긴 이 말을 기억하며 언제든지, 어디서든 나비처럼 자유롭게 날갯짓하는 삶이 되길 바란다.

"일단은 한 걸음 물러나기로 했다. 하지만 포기한 것은 아니었다. 장벽이 나타난 것도 이유가 있을 터였다. 장벽이 거기 서 있는 것은 가로막기 위해서가 아니며, 그것은 우리가 얼마나 간절히 원하는지 보여줄 기회를 주기 위해 거기에 서 있는 것이었다."

Chapter 6

만약 지금이 당신의 인생에서
가장 외롭고 쓸쓸한 시기라고 한다면
미래를 상상하거나
과거를 회상하는 일은
이제 그만두라.
오히려 아주 바쁘고 치열하게 움직여
살아남아라.
그러다 보면 어느 날,
아마도 당신이
그 일을 미처 마치기도 전에
그토록 간절하게 바라던 변화가
갑자기 찾아들게 될 것이다.
– 헨리 아미엘

사라져버린 공룡이
강한 게 아니라
살아남은 개미가
더 강하다

33 경쟁은 숙명이니 받아들여라

– 왜 우리는 아옹다옹 다투며 사는 걸까?

선발되지 못한 선수들이
많이 실망하겠지만
어쩔 수 없다.
그게 축구이고 인생이다.

– 아드보카트

현대인들의 머릿속에는 '경쟁'이라는 강박증이 자리 잡고 있다.

- 남보다 뒤처지면 어떡하지?
- 이번에는 반드시 이겨야 하는데.
- 지금 한가하게 이러고 있을 때가 아니지.

눈만 뜨면 경쟁이다. 입시 전쟁, 취업 전쟁, 교통 전쟁, 진급 전쟁, 마케팅 전쟁……. 얼마나 경쟁이 치열하면 전쟁이라는 표현까지 빌려 썼겠는가.

좋은 대학을 가기 위해 그리고 취업을 하기 위해 각종 스펙을 쌓아야 하고 취직 후에도 회사로부터 인정받을 만한 성과를 내기 위해 머리를 굴리고 발에 땀이 나도록 뛰어야 한다.

창업을 한 사람이라면 더더욱 초조하다. 하나에서 열까지 모든 것을 다 책임져야 하고 이 모든 것에 인생을 걸었기에 하루하루가 살얼음판을 걷는 기분일 것이다. 어떻게 하면 손님을 끌어모을 수 있을지, 다른 가게와 차별화되는 전략은 무언지 늘 고민을 달고 살아야 한다. 이처럼 생존을 위한 우리네 인생은 그리 녹록하지 않고 처절하기까지 하다.

피할 수 없는 경쟁숙명론競爭宿命論

우리는 지금 경쟁의 시대에 살고 있다. 남보다 더 나은 삶을 살기 위해선 어쩔 수 없이 전쟁터에 나서는 전사가 되지 않을 수 없다. 숨이 차올라도 멈추지 말아야 하고 얼렁뚱땅하거나 게으름 피우는 여유를 부려서도 안 된다. 한눈팔고 정신을 놓다가는 어느 순간에 따라잡힐 수도 있고 앞서가는 사람과의 거리가 더 멀어질 수 있다.

경쟁에서 밀리게 되면 한순간에 도태되고 인생의 쓴맛을 봐야 한다. 뒤늦게 후회하기 전에 우리는 지금의 페이스를 유지하거나 그보다 더 빨리 달려야 한다.

경쟁 속에 갇혀 있는 사람들. 그런 사람들을 보면 때론 안타깝기도 하고 너무하다 싶기도 하다. 그러나 그건 어쩔 수 없는 현실이고 인생이다.

생각해보면 경쟁이 어제오늘 일은 아니다. 어쩌면 인류사회가 탄생한 그 시기부터 시작되었는지 모른다. 사냥감을 구하고 영역을 넓히고 짝짓기를 하는 과정에서부터 경쟁은 자연스럽게 형성되어왔고 지금까지 이어져왔다.

일찍이 헤이그 특사로 알려진 이준 열사는 '경쟁숙명론'에 대해 자신의 생각을 피력한 바 있다.

경쟁이라 하는 말은 약육강식弱肉强食과 우승열패優勝劣敗를 표현하는 말로서, 경쟁하는 방식은 반드시 칼이나 총 같은 무기로써 서로 다투고 서로 죽이는 것만이 아니오. 비슬比膝하여 합석하며 악수하며 대변하며 예양禮讓하며 담소談笑하며 준조樽俎로 절충하는 사이에 있어서도 그 화단禍端이 칼이나 총으로 쟁투하는 것보다도 더욱 극렬한 바가 있는 것입니다.

이러한 화단의 극렬한 경쟁은 우리 인간사회에서 없기를 원하는 바이지만 경쟁이라 하는 것은 시세의 추이에서 자연히 빚어져 나오는 것으로서 하지 아니하려 하나 하게 되는 것입니다.

공부를 하든지 농사를 하든지 장사를 하든지 공장을 하든지 관리가 되든지 어떠한 사업을 물론하고, 우리 인간이 어천만사가 다 우승한 승리를 가져보려 하는 것은 현재의 생활보다 이상의 생활을 언제든지 희망하고 있는 우리 인간의 본능이라 하겠습니다.

지금 이 순간도 경쟁하고 있다

취업 · 인사포털 인크루트는 '경쟁'에 관한 설문조사의 결과를 다음과 같이 발표했다.

구직자 다섯 명 중 세 명 이상에 해당하는 62.9퍼센트가 취업준비를 같이 하는 친구나 동료를 경쟁상대로 생각한다는 것이다. 그들이 경쟁상대로 느껴질 때가 언제인가에 대한 질문에 1위가 상대방이 '먼저 취업에 성공할 때'(53.6%)였다. 이어 '나보다 스펙이 좋을 때'(30.5%), 상대방이 취업정보를 공유하지 않을 때'(8.4%), '사람들이 상대방을 더 인정해줄 때'(5.0%), '인맥 등을 이용해 쉽게 취업하려고 할 때'(1.3%) 순으로 나타났다.

취업포털 잡코리아의 '경쟁'에 관련된 설문조사 역시 그 결과가 비슷하게 나타났다.

'현재 직장에 경쟁심리를 자극하는 동료가 있다'고 답한 응답자는 84.4퍼센트에 달했다. 경쟁심리를 자극하는 부분은 동료의 '뛰어난 업무능력'(34.2%), '능수능란한 처세'(30.8%) 순이었다. 경쟁심리를 자극하는 동료 중에는 '입사동기'(38.3%)를 꼽은 응답자가 가장 많았고 '직속상사'(33.9%)라고 답한 응답자도 상당했다.

이 설문조사에서도 알 수 있듯 우리는 경쟁으로부터 자유로울 수 없다. 즉, 경쟁은 숙명이다. 사람들의 욕망은 끝이 없지만 재화는 한정되어 있고 가질 수 있는 것 역시 제한적이기 때문에 경쟁은 불가피하다. 개인이 그러하고 조직이건 기업이건 역시 경쟁을 피해갈 수는 없다.

받아들이는 순간, 조금 자유로워진다

치열한 경쟁구조 속에서 살고 있는 사람들. 그런 삶 속에서 몸과 마음은 점점 지쳐간다. 그러다 보면 가끔씩은 사는 것 자체에 회의도 느끼게 되고 이런 생각마저 든다.

'정말로 이렇게 살아야 하는가?'

'경쟁 없는 세상은 과연 없는 걸까!'

단언하지만 그런 세상은 없다. 냉정하게 들릴지 모르지만 우리는 앞으로도 끊임없이 경쟁하며 살아가야 한다.

매 순간 경쟁은 발생하고 그 속에서 받는 스트레스도 엄청날 것이다. 그렇다고 피하거나 도망가서는 안 된다. 경쟁을 삶의 일상이라 여기고, 즐기며 이겨 나가야 한다. 다시 말하지만, 생명을 가진 유기체로 태어난 이상 경쟁은 피할 수 없는 숙명이다. 인생은 그것을 받아들이는 것부터 시작되고 그것을 받아들임으로써 세상의 일원이 될 수 있다.

물론 경쟁을 냉혹하고 비인간적이며 시기와 질투의 연상선상으로 볼 수도 있다. 그렇다고 그 관념에 너무 사로잡힐 필요는 없다. 모든 것이 그러하듯 양면성이 있게 마련이다. 경쟁의 폐해만 볼 것이 아니라 경쟁의 장점에 눈을 돌려라. 경쟁심리를 잘만 이용한다면 그 또한 충분히 자기발전의 계기가 될 수 있다.

34 경쟁은 나를 죽이는 게 아니라 살린다는 걸 알아라

– 아폴로 11호는 왜 달나라로 날아간 걸까?

경계해야 할 경쟁자는
당신을 괴롭히는 사람이 아니라
항상 자신의 일을
향상시키는 사람이다.

– 헨리 포드

"당신은 라이벌을 갖길 원하십니까?"

이런 질문을 받는다면 어떤 대답을 하겠는가?

라이벌을 원한다는 사람도 있겠지만 일반적으로 많은 사람들은 라이벌을 원치 않을 것이다. 그 이유는 라이벌에 대해 인식이 그다지 좋지 않기 때문이다.

'라이벌'이라고 하면 생각나는 게 일단은 시기, 비교, 질투, 미움, 싸움, 전쟁 등등 부정적인 단어들이다. 라이벌 의식을 갖지 않는 게 차라리 서로가 그나마 좋은 관계를 유지할 수 있다고 생각한다.

물론 맞는 말이기도 하다. 굳이 라이벌 관계를 만들어 신경전이나 다툼을 유발할 필요는 없다. 그러나 이러한 부정적인 측면을 라이벌에 대한 모든 면으로 단정 짓는 건 곤란하다.

긍정적인 측면도 분명 있다. 라이벌 의식을 잘만 활용하면 자신은 물론이고 주변의 발전까지 가져올 수 있기 때문이다. 라이벌 의식 속에는 우리가 모르는 강력한 동기부여와 엄청난 에너지가 숨겨져 있다.

우주의 패권은 누가 쥘 것인가

1945년 이후, 자본주의 국가의 맹주 미국과 사회주의 국가의 맹주 소련이 세계를 분할하여 대립하기 시작했다. 소위 냉전시대가 개막된 것이다.

두 국가는 자국의 힘이 더 세다는 걸 과시하기 위해 무기증강에 열을 올렸고 급기야 힘자랑이 우주로 번져갔다. 누가 먼저 우주시대를 여느냐가 힘을 가진 자를 판가름하는 척도가 되었다.

먼저 우주시대를 연 건 소련이었다.

- 1957년 10월 4일 : 지구를 돈 첫 인공위성인 스푸트닉 1호가 소련에 의해 발사되었다.

- 1957년 11월 3일 : 첫 우주 비행 생명체인 개 라이카를 태운 스푸트닉 2호가 소련에 의해 발사되었다. 처음으로 우주 비행을 한 개 라이카는 7일간 지구 궤도에 머물렀다.

- 1961년 4월 12일 : 소련은 인류 최초의 우주비행사인 가가린을 우주선 보스토크 1호에 태워 우주로 보냈다. 가가린은 지구를 한 번 공전하는 데 성공했다.

- 1961년 8월 6일 : 보스토크 2호가 우주비행사 티토프를 태우고 발사되었다. 티토프는 처음으로 하룻동안 우주비행을 하는 데 성공했다.

우주를 소련에게 내줘 자존심이 상할 대로 상한 미국은 우주의 패권을 차지하기 위해 모든 전력을 다 쏟아부었다. 소련에게만큼은 지고 싶지 않았다.

존 F.케네디 대통령이 1961년 5월 의회에서 10년 안에 인간을 달에 착륙시키겠다고 선언했다. 곧 가시적인 성과가 나타났다. 1967년 1월에 아폴로 1호가 완성된 것이다.

그런데 불의의 사고가 났다. 실험 도중 화재가 발생해 그 안에 타고 있던 우주인 세 명이 모두 사망하는 대참사가 일어난 것이다. 이후, 몇 번의 시행착오를 거쳐 1968년 12월 아폴로 8호를 쏘아올렸는데 마침내 달 궤도 진입에 성공했다.

1969년 마침내 아폴로 11호는 암스트롱과 버즈 올드린, 마이크 콜린스 등 세 명의 우주비행사를 태우고 지구를 떠난 지 나흘만에 달에 착륙했다. 암스트롱은 달에 첫발을 내딛으면서 '한 인간에게는 작은 발걸음이지만, 인류에게는 거대한 도약이다'라고 말했다.

이후, 우주패권을 차지하기 위한 미국과 소련의 경쟁은 계속되었고 그 과정 속에서 두 국가의 우주개발 기술은 괄목할 만큼의 발전을 이뤄냈다. 만약 경쟁이 없었다면 그 놀라운 기술의 진보가 불가능했을지도 모른다.

운명적 라이벌, 스티브 잡스와 빌 게이츠

IT업계의 양대 산맥이라고 하면 떠오르는 인물이 누구인가? 바로 스티브 잡스와 빌 게이츠이다. 그들을 뽑은 것에 대해 별 이견이 없을 것이다.

1955년에 태어난 동갑내기 두 사람 스티브 잡스와 빌 게이츠는 같은 시대에 공존하며 컴퓨터 분야에서 활동했다. 그 둘은 엄청난 성공을 거뒀다.

이런 공통점 때문에 세상 사람들은 그들을 라이벌이라고 부른다. 물론 그들이 그 사실을 인정할지 안 할지는 미지수지만.

그들의 경쟁은 시작되었다. 먼저 치고 나간 사람은 잡스다.

애플을 창업한 잡스는 1976년 최초의 퍼스널 컴퓨터 '애플1'을 출시해 세상을 놀라게 했다. 그러자 게이츠의 반격이 시작되었다. 마이크로소프트를 창업한 게이츠는 1981년 당시 세계 최대의 컴퓨터 회사인 IBM과 손잡고 퍼스널 컴퓨터에 사용할 운영체제인 MS-DOS를 선보였다. 이 제품은 폭발적인 인기를 얻었고 애플에 큰 타격을 주었다.

이 일을 계기로 게이츠의 마이크로소프트는 지속적으로 성장했으며 그는 37세에 세계 최고의 부자가 되었다. 그러나 대조적으로 잡스는 경영악화로 인해 자신이 직접 만들고 일궈놓은 애플에서 퇴

246

출을 당한다.

그렇게 승부가 끝나는가 싶었는데 잡스는 다시 부활했다. '토이 스토리', '벅스라이프' 등 3D 애니메이션 제작으로 재기의 발판을 마련한 그는 12년 만에 자신이 창업한 애플사의 CEO로 극적으로 복귀했다. 이후, 잡스는 아이팟, 아이폰, 아이패드 등을 양산하며 21세기 아이콘으로 급부상했다.

이후, 두 사람의 경쟁은 계속되었고 물론 발전 역시 계속되었다.

빌 게이츠에게 스티브 잡스는, 스티브 잡스에게 빌 게이츠는 스트레스를 주는 존재이기도 했겠지만, 그보다는 자신 안의 욕망과 열정을 자극하는 대상이었음이 분명하다. 그렇지 않고서 어떻게 둘 다 최고의 자리에 오를 수 있었겠는가.

라이벌은 적이 아니라 나를 긴장하게 하고 지금의 내 위치를 깨닫게 하고 나의 경쟁력을 높여주는 고마운 존재임을 알아야 한다.

만나고 싶은
사람이 있다면
어떻게든 만나라

– 스티브 잡스, 소년에게 손을 내밀다

멘토는 우리의 상상력을 고취시키고
욕망을 자극하고
우리가 원하는 사람이 되도록
기운을 북돋워준다.

– 플로렌스 포크

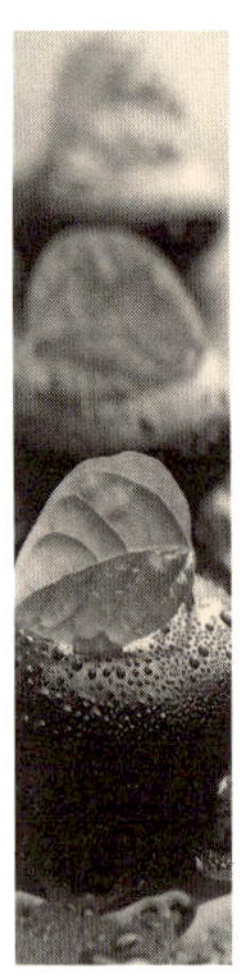

산행을 하다 보면 간혹 길을 잃을 때가 있다. 그런 상황이 닥치면 당황하게 된다. 여기가 저기인 것 같고 저기가 여기인 것 같다. 지금 내가 서 있는 곳이 어디인지 도무지 가늠할 수 없고 미로 같은 길에서 벗어나기가 여간 어렵지 않다.

이때 요긴하게 쓰이는 물건 하나가 있다. 바로 나침반이다. 나침반이 있으면 자신의 위치와 잃어버렸던 길의 단서를 찾을 수 있다.

인생에 있어서도 나침반 같은 롤모델이 필요하다. 시대를 풍미했거나 성공의 반열에 올랐던 사람들의 공통점은, 새로운 꿈에 대한 갈망의 시기나 인생의 중대한 고비 때, 그들 인생에 지대한 영향을 미친 그 누군가를, 즉 마음속에서 그리던 롤모델을 만났다는 거다.

롤모델과의 만남이 우연이라면 그건 기적과도 같은 행운이지만 스스로의 노력에 의한 만남 역시 인생에 있어 큰 기회이고 자극임에 틀림없다.

스티브 잡스를 웃게 한 소년

애플의 전 CEO였던 스티브 잡스 사망 이후, 전 세계의 추모 열기는 뜨거웠다. 그와 관련된 특별한 만남을 추억하는 이들의 사연도 각종 매체에 속속 소개되었다.

이런 사연 중에서 주목할 만한 이야기가 있다. 소년 앨런 펠트로와 스티브 잡스와의 만남이다.

평소 애플의 광팬이었던 펠트로는 늘 스티브 잡스와의 만남을 꿈꿔왔다. 그러나 그건 말 그대로 꿈에 불과했다. 사실 세계적인 인물인 스티브 잡스와 만난다는 게 쉬운 일이겠는가.

그렇지만 소년은 그 꿈을 포기하지 않았다. 뜻이 있는 곳에 길이 있다는 말을 굳게 믿었다.

"난 반드시 스티브 잡스를 만날 거야. 나는 그를 이미 알고 있어. 이제 남은 일은 그가 나를 알아보는 거야."

펠트로는 스티브 잡스를 만날 수 있는 묘책이 뭘까 하고 몇 날 며칠을 궁리했다. 그리고 마침내 꽤 괜찮은 아이디어를 생각해냈다.

"그래, 그 정도면 충분히 시선을 끌 수 있을 거야."

펠트로는 뒤통수에 애플로고인 사과모양을 새기기 시작했다. 친구들은 미친 짓이라고 놀려댔지만 그는 개의치 않았다. 스티브 잡스를 만나기 위해선 이 정도의 수고는 감수해야 했다.

뉴욕 5번가에 위치한 '애플 스토어'에 스티브 잡스가 어느 날 방문할 거라는 정보를 입수한 팰트로는 가슴이 뛰기 시작했다. 스티브 잡스가 자기를 아는 척해줄까 아니면 그냥 지나치고 말까, 그 결과가 무척이나 궁금했다.

결전의 그날, 팰트로는 일찌감치 매장에 방문해 스티브 잡스를 기다렸다. 드디어 스티브 잡스가 매장 안으로 들어왔다. 순식간에 매장이 술렁거렸다.

"어, 저기 스티브 잡스다."

사람들은 스티브 잡스 쪽으로 몰리기 시작했다. 그러는 바람에 팰트로와 스티브 잡스와의 거리는 더 멀어졌다. 그런데 그때, 스티브 잡스가 갑자기 웃음을 터뜨렸다. 팰트로의 뒤통수에 새겨진 애플 로고를 발견한 것이다.

"참 대단한 소년이네."

스티브 잡스는 성큼성큼 팰트로에게 다가왔다. 그리고 손을 내밀었다. 팰트로는 수줍은 미소를 보이며 스티브 잡스의 손을 잡았다.

"참으로 대단하구나. 애플을 이렇게까지 사랑해주다니 정말 고맙구나."

스티브 잡스는 흐뭇한 표정을 지으며 팰트로를 향해 엄지손가락을 들어올렸다. 팰트로는 평생 잊을 수 없는 소중한 만남을 가슴 깊이 새겼다.

만약 당신이 소년이었다면 기분이 어땠을까?

251

선망의 대상이며 꿈의 롤모델을 직접 눈으로 확인하고 손을 만지고 칭찬과 감사의 말까지 들었다면 누구든 하늘을 나는 기분이었을 것이다. 가문의 영광이고 그 행복한 기분을 영원히 잊고 싶지 않을 것이다.

이후, 소년 펠트로는 성장했고 청년이 된 지금 미국 명문 프린스턴대학에서 컴퓨터공학을 전공하고 있다. 그가 컴퓨터공학도가 된 계기를 미뤄 짐작해보면 아마도 스티브 잡스를 만난 영향 때문일 것이다. 이처럼 롤모델과의 만남은 한 사람의 인생을 결정지을 만큼 큰 영향을 미친다고 할 수 있다.

롤모델에게 달려가 입 맞춰라

당신에게는 롤모델이 있는가? 아직까지 정하지 못했다면 먼저 자신의 꿈부터 점검하자. 진정으로 내가 이루고 싶은 꿈이 있는지, 꿈이 있다면 그 열정이 얼마나 뜨거운지.

꿈에 대한 점검이 끝났다면 이제 자기에게 적합한 롤모델을 정하라. 롤모델을 정했다고 해서 다 끝나는 건 아니다. 롤모델을 가슴속에만 담아두지 말고 가급적이면 만남까지 빨리 성사시켜라.

물론 롤모델과의 만남은 쉽지 않을 것이다. 만나고 싶다고 해서 만날 수 있는 상황이 아니기 때문이다.

그렇다고 방법이 없는 건 아니다. 뜻이 있는 곳에 길이 열리고 자꾸 두드리면 문이 열리게 마련이다.

롤모델에게 꾸준히 이메일을 보내거나 아니면 그의 동선을 파악해서 자꾸 부딪혀라. 그러한 노력도 하지 않는다면 영영 그를 만날 수 없다.

롤모델을 만나고 안 만나고에는 큰 차이가 있다. 만난다면 꿈에 대한 열망이 더 강해질 것이고 삶의 방향을 정하는 데 도움이 될 것이다. 그러다 보면 결국 성공과도 가까워질 수 있다.

36 쟈기만의 흥미로운 이야깃거리를 만들어라

마케터는
특별한 종류의 거짓말쟁이이자
탁월한 스토리텔러이다.

– 세스 고딘

리더십 트레이너와 코치로 활동 중인 토마스 홀트베른트는 자신의 저서에서 흥미로운 이야기 하나를 소개했다.

'일곱 개의 별'이라는 이름의 여관이 있었다. 여관은 내부 인테리어도 괜찮고 친절한 서비스도 제공하는데 이상하게도 매출은 몇 년째 답보 상태였다.

주인은 한숨을 내쉬며 앞날을 걱정했다.

"이대로라면 몇 년 못 버티겠는데. 이 일을 어떡하지?"

주인은 아무리 생각해도 여관을 살릴 방법이 떠오르지 않았다. 그래서 조언을 구하기 위해 인근에 있는 현자를 찾아갔다.

"선생님, 여관 매출을 올릴 방법이 없을까요?"

현자는 망설임도 없이 바로 대답했다.

"아주 간단합니다. 여관 이름을 바꾸면 됩니다."

"여관 이름을 바꾸라고요? 그건 곤란합니다. 몇 세대를 거쳐 전해진 이름이고 게다가 그 이름은 많은 사람들에게 알려져 있습니다. 그런데 어떻게 이름을 바꾸겠습니까?"

"제 말씀에 따르십시오. 여관 이름은 '다섯 개의 종'이라고 지으세요. 그리고 여관 입구에는 여섯 개의 종을 매달아놓도록 하세요. 그럼 지금보다 훨씬 더 장사가 잘될 겁니다."

고민 끝에 주인은 현자의 말에 따르기로 했다. 여관 이름도 바꾸고 입구에 여섯 개의 종을 매달았다.

　설마 했는데 현자의 말이 딱 맞았다. 여행객들이 하나둘 여관으로 모이기 시작했다. 여행객들은 주인의 실수를 알려주기 위해서 온 것이다.

　"주인장, 간판은 '다섯 개의 종'인데 왜 입구에는 종이 여섯 개가 달린 거요? 실수한 것 아닌가요?"

　"아, 그런가요? 일단 오셨으니 이곳에서 머물다 가시죠?"

　"뭐 그러죠."

　그렇게 해서 기울어가던 여관은 다시 우뚝 서게 되었다.

　이 이야기를 통해 알아야 할 것은 '이야깃거리'를 만들어야 한다는 거다. 인테리어와 서비스만으로는 부족하다. 상품이나 브랜드를 알리고 판매를 높이기 위해선 관심과 흥미를 끌 만한 이야깃거리가 있어야 한다. 사람들은 이야기 듣기를 좋아하고 또한 그 이야기를 전하기 좋아한다. 흥미로운 이야기를 제품에 녹인다면 그것만큼 강력한 홍보수단은 없다.

전단지라고 다 똑같은 전단지가 아니다

백화점이나 대형마트의 전단지를 보면 상품 사진과 가격이 전화

번호부처럼 빼곡히 들어차 있다. 그런 전단지를 받았다면 당신은 어떻게 하겠는가? 아마도 휴지통으로 보낼 것이다. 그러나 전단지에 가격만 나열한 게 아니라 유머나 카툰 등 흥밋거리가 적혀 있다면 어떻겠는가? 당신은 잠시나마 그 전단지에 눈길을 빼앗길 것이다.

실제로 1958년 캘리포니아에 문을 연 이후, 지금까지 성업 중인 트레이드 조 마켓은 색다른 전단지를 제작해 뿌렸다. 전단지 한 페이지에 가격 정보는 두 개만 소개하고 그 대신 카툰과 만화는 물론이고 짧막한 유머와 생활정보까지 담았다.

그 전단지를 본 소비자들은 매우 만족해했다. 그리고 소비자들의 발길은 트레이드 조 마켓으로 향했다.

트레이드 조 마켓의 성공요인 역시 이야깃거리다. 다른 마켓과 똑같은 전단지를 배포했다면 아마 트레이드 조 마켓은 지금까지 현존하지 못했을지도 모른다. 결국은 이야기다. 이야기는 사람을 끌어모으는 힘이 있다.

유명배우가 출연하는 스토리가 엉망인 영화보다, 비록 유명배우는 없더라도 스토리가 탄탄한 영화가 더 많은 관객을 끄는 것도 이와 같은 이치다.

당신에게는 당신만의 이야깃거리가 있는가?

제품이나 브랜드에만 이야깃거리가 필요할까? 그렇지 않다. 개인에게도 당연히 이야깃거리가 필요하다. 이야깃거리가 없다면 그 사람은 매력적인 사람이라고 말할 수 없고 또한 성공 시나리오를 만들수 없다.

이야기 주위엔 늘 사람들이 모이기에 당신도 당신만의 이야깃거리를 만들어야 한다.

이야깃거리를 만드는 데 있어 주의할 것이 있다.

첫째, 없는 얘기를 거짓으로 꾸미지 않아야 한다.

사람들의 마음을 움직이는 건 진솔한 이야기다. 자신의 속내나 아픈 과거를 드러낸다는 건 두려운 일이기에 때론 용기가 필요하다. 그 용기가 결국 당신을 한 단계 업그레이드시켜줄 것이다.

둘째, 화려하고 거창하게 만들 필요 없다.

이야기 소재는 아주 가까운 곳에 있다. 당신의 일상, 당신의 경험, 당신의 희로애락. 거기에 답이 있다. 화려하거나 거창하지 않아도 당신만이 겪었던 그 일이 바로 가장 훌륭한 이야깃거리다.

이제 당신의 이야기를 시작해보라. 별 얘깃거리가 없을 것 같지만 곰곰이 생각해보면 분명 아주 특별하고 매력적인 이야기로 넘쳐날 것이다.

37 문제에 조종당하지 말고 해법을 찾아내라

하지만 한 가지 분명한 건
아직 아무 일도 안 일어났다는 것이며
일어나봤자 문제일 것이고
문제엔 반드시
해답이 있게 마련이라는 것이다.

– 영화 '싱글즈'

　인간은 누구나 안락한 삶을 원한다. 친구들과 만나 수다를 떨고 주말에는 여행을 가고 가끔씩 골프도 치고 피로가 쌓이면 마사지도 받고 사랑하는 애인과 즐거운 데이트도 즐기고. 이런 생활이 지속되길 꿈꾼다. 그러나 그건 말 그대로 꿈같은 일일 뿐, 현실은 그렇지 않다. 좀 지낼 만하다 싶으면 문제가 터지고 만다.

- 출근하려고 자동차에 시동을 거는데 자동차가 말을 듣지 않는다.
- 임원들 앞에서 연간마케팅플랜을 발표하는데 프레젠테이션 준비 자료가 스크린에 뜨지 않는다.
- 약속시간이 다 됐는데 차는 막혀 오도 가도 못하고 있다.
- 몇 시간째 면접실에서 대기하고 있는데 갑자기 엄마가 위독하다는 전화를 받고 면접을 포기해야 했다.
- 홍보문구를 무려 20개나 썼는데 팀장이 맘에 들지 않는다며 주말 동안 문구를 100개 써오라고 시켰다.

　우리의 인생은 문제의 연속이라 해도 과언이 아니다. 잠을 자는 그 순간만 문제로부터 해방될 뿐 눈을 뜨기만 하면 문제와 부딪치게 된다. 일상생활 속에서의 문제, 직장생활 속에서의 문제, 가정에서의 문제, 자신의 미래에 대한 문제, 돈과 경제에 관한 문제 등 문제가 산더미만 하다. 문제는 결코 피할 수 없는 삶의 과정이고 진실이다. 숨을 쉬고 있는 한 그 누구도 문제로부터 자유로울 수 없다.

문제가 닥쳤을 때 잠시 피할 순 있겠지만 그렇다고 문제가 영영 사라지지는 않는다. 길을 가로막고 있는 거대한 바위를 누군가가 치우지 않는다면 바위는 늘 그 자리에 있을 것이다. 이와 같이 문제도 해결하지 않는 이상 늘 그 자리에 그대로 남아 있을 것이다.

문제에 대처하는 우리들의 자세

문제를 바라보는 관점에 따라 그 사람의 인생이 달라진다.

- 문제는 나를 괴롭히고 힘들게 한다.
- 문제는 해결할 수 없는 어려운 수학문제와 같다.
- 문제에 의해 내 인생은 흔들리고 꿈까지 빼앗겼다.

못난 사람은 문제가 발생했을 때 회피하거나 핑곗거리부터 찾는다. 그러다 결국 문제에 조종당하고 만다. 반대로 성공 마인드를 가진 사람은 문제를 두려워하며 아까운 시간을 낭비하기보다는 해법을 찾는 데 기꺼이 더 많은 시간을 사용한다.

성공이란 늘 문제 다음에 찾아온다는 사실을 그들은 알고 있다.

우리 인생은 문제도 많지만 해법도 많다. 작가 그렌빌 클레이저는 이렇게 말했다.

"모든 문제에는 당신이 알든 모르든 이미 해법이 나와 있다."

문제가 발생했다는 건 분명 그 문제를 일으킬 만한 원인이 있다는 얘기다. 따라서 문제를 면밀히 살펴보면 원인을 찾아낼 수 있고 그 원인을 제거할 만한 해법이 곧 나온다.

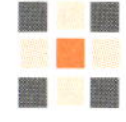

문젯거리를 오히려 좋은 기회로 삼아라

중국의 한 공항에서 일어난 일이다. 하루 종일 공항 대합실은 수많은 인파로 혼란에 빠졌다. 출국과 입국으로 분주하게 오고 가야 할 상황이지만 벌써 몇 시간째 사람들이 정체되어 있다. 사람들의 표정이 다들 좋지 않았다. 이른 아침부터 짙은 안개로 인해 비행기가 계속 연착되었기 때문이다.

"모처럼 가는 여행인데 도대체 이게 뭐야!"

"미국에서 중요한 계약이 있는데 큰일이네!"

사람들의 얼굴에 짜증이 덕지덕지 붙어 있었다. 시간이 지날수록 사람들의 짜증과 불만은 큰 폭으로 늘어났다.

사실 연착이 공항 측의 잘못으로 인한 게 아니라 자연이 만들어낸 일이라 공항 측은 신경을 쓰지 않아도 되지만 그래도 나 몰라라 할 수도 없는 상태였다. 어찌됐든 공항 측은 이러한 문제를 감당해야 하고 해결해야 하는 상황이었다.

이를 지켜보고 있던 공항 측의 한 관계자는 이 문제를 어떻게 하면 슬기롭게 풀까, 하고 고민했다. 그리고 기막힌 방법을 생각해냈다. 바로 '위문 공연'이었다.

그는 황급히 어디론가 연락을 했다. 그리고 얼마 지나지 않아 화려한 의상을 입은 대학생 치어리더들이 공항 대합실에 등장했다. 치어리더들은 음악에 맞춰 춤을 추기 시작했다. 미모의 대학생들의 공연에 사람들은 서서히 관심을 드러냈고 어느새 입가엔 미소가 번졌다. 비행기 연착은 까맣게 잊게 됐다.

불리한 상황에서도 당황하거나 두려워하지 않고 문제를 오히려 발전의 계기로 받아들이고 적극적으로 나선다면 분명 좋은 방향으로 풀리게 된다. 문제란 나를 주저앉히는 인생의 짐이 아니라 극복하고 뛰어넘어야 할 허들에 불과하며, 오히려 새롭고 더 발전할 수 있는 기회라는 걸 늘 명심해야 한다.

264

38 몸 안에 숨겨져 있는 작은 장점을 끄집어내 습관화하라

- 가진 것도 없고 재능도 없지만 성공을 꿈꾸는가?

무언가를 할 수 있는지 없는지는
그렇게 큰 비중을 차지하지 않는다.
중요한 것은 중단하지 않고 용기를 잃지 않는 것이다.
자신감과 믿음으로 배움에 임하면서
연습하고 또 연습하면
애호가 중의 애호가가 되고
마침내 전문가가 된다.
천재성은 우리 모두의 몸 안에 숨겨져 있으므로.

– 베르너 지퍼

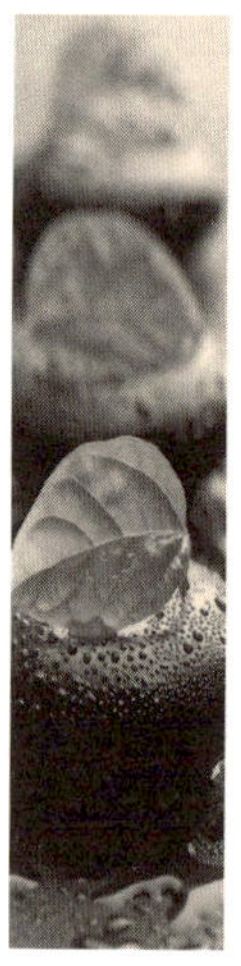

한 남자가 답답한 현실과 정체된 자신의 처지 때문에 하루하루 괴롭게 지내고 있었다. 돌파구를 찾고자 남자는 어느 강연장을 찾았다. 강연장 맨 뒷좌석에 앉아 한 시간가량 진행되는 강연을 들었다. 그리고 남자는 용기와 희망을 얻게 되었다.

"참 멋진 분이네."

강연 내용도 훌륭했지만 강사의 막힘없고 뛰어난 언변술에 남자는 매료되었다. 남자는 강사에게 감사의 마음이라도 전할까 해서 강사가 있는 쪽으로 갔다.

강사 앞에 선 남자는 순간, 두 눈이 휘둥그레졌다. 강사의 얼굴이 낯설지 않았기 때문이다. 바로 중학교 동창인 '김철수'였다.

"어, 철수야!"

"아, 너 민국이지? 이게 몇 년만이야. 그런데 너 여긴 웬일이야?"

"웬일이긴? 강연 들으러 왔지. 반갑다. 강연자 김철수가 내 동창 김철수라고는 전혀 상상도 못했어."

"그래? 아무튼 반갑다. 강연은 어땠나?"

"훌륭했어. 강연 들으니 앞으로 내가 어떻게 살아야 할지 조금은 가닥이 잡힌 것 같다. 그런데 너 어쩜 그렇게 말을 잘하냐? 내 기억으로는 너 이러지 않았는데. 울렁증이 되게 심했잖아. 책 읽을 때 덜덜 떨지 않았냐? 그것 때문에 엄청 고민 많이 했잖아. 그런데 이게

267

어떻게 된 거야? 완전 딴사람 같아. 무슨 비법이라도 있니?"

"비법? 물론 있지."

"그게 뭔대? 나 좀 알려줘라. 점점 나이가 들어가니까 남들 앞에 서야 할 상황은 자꾸 많아지고. 그것 때문에 정말로 힘들다. 비법이 뭐냐?"

"비법은 아주 간단해. 바로 연습이지."

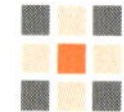

연습은 기적을 만들어낸다

어릴 때부터 신동이라는 소리를 들을 만큼 재능을 타고났다면 그건 분명 인생에 있어서 플러스 요인이다. 남들보다 앞서나갈 수 있는 잠재력이라는 불씨를 이미 갖고 있기 때문에 맘만 먹으면 언제라도 그 불씨를 활화산처럼 타오르게 할 수 있다. 독보적이며 우위적인 위치를 선점할 수 있는 유리한 조건을 가진 셈이다.

그러나 신동이라고 해서 미래가 다 보장되는 건 아니다. 뼈가 부러져 장기간 깁스를 하면 활동에 제약을 받기 때문에 나중에 깁스를 풀었을 때 전보다 근육량이 현저히 축소되어 있는 걸 볼 수 있다. 근육을 사용하지 않으면 퇴화를 하는 것처럼 재능도 마찬가지다. 아무리 타고난 재능이라도 꾸준히 갈고닦지 않으면 결국 재능은 사라지고 만다. 타고난 재능도 연습과 훈련을 통해서만 유지될 수 있고 개발될 수 있는 것이다.

우리가 알고 있는 천재들 역시 타고난 재능만 믿고 아무런 노력을 하지 않았다면 그 천재성은 물에 젖은 불씨처럼 곧 사그라지고 말았을 것이다.

모차르트

세 살때부터 강도 높은 훈련을 받았기에 스무 살도 되지 않아 작품들을 쏟아낼 수 있었다. 이탈리안 오페라는 물론 바이올린 협주곡과 피아노 소나타 등을 작곡했다. 그 후에도 불후의 명곡으로 불릴 만한 '피가로의 결혼', '돈 조반니', '코지 판 투테' 등을 남겼다.

타이거우즈

걸음마를 할 때부터 아버지에게 골프를 배우기 시작했고 다섯 살 무렵부터는 전문 코치에게 본격적으로 훈련을 받았다. 그런 훈련의 과정이 있었기에 골프 천재라는 타이틀을 이름 앞에 붙일 수 있었다. 2001년 마스터스 대회에서의 승리로, 우즈는 마스터스 토너먼트, 미국 오픈, 영국 오픈, 미국 프로 골프인 협회PGA 선수권대회 등 네 개의 메이저 골프 대회에서 연이어 승리를 거둔 최초의 선수가 되었다.

FC바르셀로나에서 활약하고 있는 리오넬 메시는 현역선수 중 단연 최고의 공격수라고 해도 과언이 아니다. 열한 살 때 성장호르몬이 부족해 성장판이 닫히는 희귀병을 앓게 되어 운동선수로는 불리한 신체조건을 가졌음에도 그는 절망하지 않았다. 연습과 훈련이라면 최악을 최고의 조건으로 바꿀 수 있을 거라는 신념을 유지했다. 결국 그는 환상적인 드리블과 천재적인 골 감각으로 그라운드의 전설로 불리고 있다.

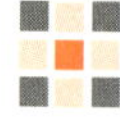

죽을 만큼 연습이나 하고 포기하려는 건가

누구나 최고를 꿈꾸지만 아무나 최고가 될 순 없다. 그 이유는 최고의 자리까지 오르기 위해 투자해야 하는 노력과 수고의 시간을 견디지 못하기 때문이다. 잘됐으면 하는 바람만 가지고는 절대로 지금보다 더 나은 단계로 갈 수 없다.

당신은 최고의 세일즈맨이 되고 싶은가?

그렇다면 판매과정을 단순히 이해만 한 채 고객을 만나서는 절대로 판매왕이 될 수 없다. 고객의 질문이나 거절에 허둥대지 않을 정도로 상품에 대한 철저한 이해와 사람의 마음을 열게 하는 다양한 방법을 반복적으로 숙지해야 한다. 이런 연습과 훈련 없이는 결코

프로 세일즈맨이 될 수 없다,

당신은 최고의 운동선수가 되고 싶은가?

그렇다면 강도 높은 혹한기 훈련과 혹서기 훈련을 견뎌내야 한다. 미흡한 부분이 있으면 집중적으로 교정을 받아야 한다. '아, 이거구나' 하는 감을 잡을 때까지는 단 하루라도 연습과 훈련을 멈춰서는 안 된다.

당신은 최고의 배우가 되고 싶은가?

그렇다면 무대 위에서 관객들에게 박수갈채를 받는 상상을 하기 전에 적어도 6개월 정도는 무대에서 뒹굴며 대사 한 마디에 울고 웃을 각오를 해야 한다.

당신은 최고가 되고 싶은가?

가진 게 없고 타고난 재능도 없다면 달리 방법은 없다. 반복적인 연습으로 습관화를 시키는 것이다. 아니, 당신이 아무리 많은 것을 갖고 있어도 혹은 타고난 재능이 있다고 해도 역시 달리 방법은 없다. 연습만이 답이다.

성공한 사람들과 어울리고
꿈이 있는 곳에
머물러라

– 모건과 함께하면 나도 모건이 될 수 있나요?

그 사람의 성품을 잘 알 수 없거든
그 사람의 친구를 보라.
사람은 친구의 감화에 좌우되기 때문이다.

– 순자

　한 노인이 길바닥에서 파닥거리고 있는 새끼 독수리를 발견했다.

　새끼 독수리는 날개 쪽에 큰 상처가 있었다. 노인은 새끼 독수리를 집으로 데려와 정성스럽게 치료해줬다. 노인은 새끼 독수리를 어떻게 할까 고민하다가 그냥 닭들과 함께 기르기로 했다. 새끼 독수리는 닭들과 어울려 마당 여기저기를 걸어다녔다.

　세월이 지나 새끼 독수리는 어느덧 덩치 큰 독수리가 되었다. 노인은 독수리가 닭들을 잡아먹지는 않을까 불안했다. 그런데 그런 일은 일어나지 않았다. 희한하게도 독수리는 온순했다. 심지어 어미 닭이 부리로 공격하면 도망치기 바빴다. 하늘을 날지도 못했다. 날아봤자 몇 미터 날다가는 곧장 땅으로 내려앉았다. 무늬만 독수리지 더 이상 독수리가 아니었다. 닭들과 함께 지내다 보니 야생성을 잃고 진짜로 닭이 되고 만 것이다.

　만약 새끼 독수리가 독수리 무리에서 자랐다면 어떻게 되었을까?

　지금 이 순간 독수리는 구름 사이를 맘껏 날아다니며 자유를 만끽하고 있을 것이다. 어쩌면 노인이 키우는 닭들을 호시탐탐 노리는 못된 독수리로 성장했을지도 모르겠다.

273

환경에 따라 인생이 달라진다

귤이 변하여 탱자가 된다는 '귤화위지橘化爲枳'라는 고사성어가 있다. 같은 종류의 것이라도 기후와 풍토가 다르면 그 모양과 성질이 달라진다는 말이다. 어느 곳에서 사느냐, 누구와 어울리느냐에 따라 인생이 달라지고 사람이 바뀌게 된다. 그만큼 환경이 중요하다.

지금 당신의 환경은 어떤가? 지금 당신은 누구와 어울리고 있는가? 지금 당신은 어느 곳에 있는가? 당신이 어울리는 사람들이 누구이며 당신이 머무는 곳이 어디냐에 따라 당신의 인생이 달라질 수 있다.

명품 샤넬을 탄생시킨 가브리엘 샤넬이 세계적인 디자이너가 될 수 있었던 건, 그가 시대를 앞서는 탁월한 감각을 지닌 점도 있지만 그전에 디자이너로 발을 디딜 수 있는 기회를 얻었기 때문이다. 그 기회라는 것은 바로 상류층과의 만남이었다.

1883년 8월 19일 프랑스 소뮈르에서 태어난 샤넬은 어려서부터 화려함과는 거리가 먼 생활을 했다. 그녀가 열두 살 되던 해, 어머니는 결핵으로 세상을 떠났고 아버지는 아내의 장례식에도 참석하지 않을 정도로 매정했다. 자식 부양을 회피했던 아버지에 의해 샤넬은 수녀원 내의 고아원으로 보내졌다.

이후, 고아원에서 나와 화려한 생활을 동경하며 밤무대 가수로 활동했다. 그런 생활을 하는 동안 낙태를 경험하는 등 그녀의 삶은 순탄하지 않았다.

그랬던 그녀가 인생의 전환점이 될 만한 계기를 맞이했다. 바로 기병대 장교였던 에티엔 발상과의 만남이었다. 그와의 만남을 통해 그녀는 자연스럽게 상류층 사람들과 교류할 수 있었고 또한 승마며 미술관 관람 등 그들만의 문화와 예절을 접할 수 있었다.

상류사회의 삶을 이해한 그녀는 뛰어난 감각으로 그들에게 어울릴 만한 옷을 디자인하기 시작했고 마침내 명품 브랜드인 '샤넬'을 만들어냈다.

만약 그녀가 상류사회의 삶과 문화를 접하지 못했다면 성공은 쉽지 않았을 것이다. 성공은커녕 아마도 나이 들어서까지도 연기 자욱한 지하 카페에서 노래 부르는 삼류가수로 살았을지도 모를 일이다.

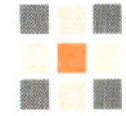

모건와 함께 있다면 당신도 모건이 된다

유유상종類類相從이라는 말처럼 끼리끼리 어울리는 경향이 있다.

성공을 꿈꾼다면 성공의 배에 올라타라. 그곳에는 성공한 사람들로 가득 차 있다. 그 사람들과 어울리다 보면 성공의 기회가 더 빨리 찾아오는 법이다.

20세기를 통틀어 미국 금융자본의 상징이며, 월가의 수호신이라

불렀던, JP모건 체이스 앤드 컴퍼니의 창립자인 존 피어폰트 모건에게 재미있는 일화가 있다.

사업을 하는 한 사람이 모건을 찾아왔다. 그 사람은 다급한 목소리로 말했다.

"모건 씨, 지금 돈이 급합니다. 천 달러만 빌려줄 수 있습니까?"

모건은 난처한 표정을 지으며 말했다.

"미안합니다. 그렇지만 제가 아니더라도 당신에게 돈을 빌려줄 사람이 있을 겁니다."

"그게 누구죠?"

"아마 한두 명이 아닐 겁니다."

"그러니까 도대체 누구냐고요?"

"지금 저랑 증권거래소에 나가시죠. 저랑 함께 나란히 증권거래소를 걷는다면 아마도 누군가 기꺼이 당신에게 천 달러를 빌려줄 겁니다."

그렇다. 만약 당신이 성공한 사람과 함께 있다면 사람들은 당신을 성공한 사람과 같은 수준으로 본다. 따라서 성공하고 싶다면 성공하는 사람과 함께 있어야 하고 함께 어울려야 한다.

또한 당신이 이루고 싶은 꿈이 있다면 꿈이 머무는 곳으로 가라. 최고의 세일즈맨이 되고 싶다면 무도장이나 야구장을 어슬렁거려서는 안 된다. 세일즈 현장에서 그 답을 찾아야 한다. 그리고 성공한 세일즈맨을 찾아 그와 친하게 지내는 게 성공을 조금 더 앞당기는 방법임을 잊지 말아야 한다.

인생은 어떤 위대한 희생이나 의무들로 이루어져 있지 않다.
오히려 작은 일들로 이루어져 있다.
미소와 친절 그리고 일상의 작은 의미와 습관적인 것들이
사람들의 마음을 열게 해주며 인생의 성공을 가져다 준다.
- 험프리 데이비

서른과 마흔 사이
결핍이 시작될 무렵 나를 채워야 할 것들

초판 1쇄 인쇄 2012년 9월 10일
초판 1쇄 발행 2012년 9월 17일

지은이 | 김이율 펴낸이 | 전영화 펴낸곳 | 다연
주소 | (121-854) 경기도 파주시 문발동 535-7 세종출판벤처타운 404호
전화 | 070-8700-8767 팩스 | (031) 814-8769
이메일 | dayeonbook@naver.com
본문 편집 및 디자인 | 글꽃 표지 디자인 | 디자인 홍시
ⓒ 김이율

ISBN 978-89-92441-29-2 (03320)

※ 잘못 만들어진 책은 구입처에서 교환 가능합니다.